EL ARTE DE LA PAREJA

Encuentra tu felicidad a través de las relaciones humanas

ALEJANDRA LLAMAS

Grijalbo

El arte de la pareja
Encuentra tu felicidad a través de las relaciones humanas

Primera edición: octubre, 2015

Diseño de portada: Penguin Random House / Jesús M. Guedea
Fotografías de portada y contraportada: César Balcazar

ISBN: 978-1-941999-55-4

Printed in USA

Índice

Ocúpate de ti, de tu crecimiento, de tu pasión por la vida;
de desarrollar dimensiones profundas de amor.
Enfocarnos en otros, en la pareja, por ejemplo, perjudica
de manera frecuente las relaciones humanas.

El sabio entiende: lo importante no es lo que el otro piensa,
hace, tiene, desea o demanda. No importa lo que el otro
planea o espera. Lo único importante es quién eres
tú en relación con todo lo anterior.

Prólogo

Jaime Bayly

Lo poco que sé sobre el arte de vivir en pareja es que soy malísimo para ello, tal vez porque aún no me acostumbro a vivir con ese señor llamado Jaime Bayly. No entiendo a Bayly: a veces se siente hombre, a veces mujer; dice que es escritor, pero cuando sus libros venden poco y mal se deprime y dice que quiere ser presidente de su país; hace dieta, pero engorda; dice que cree en el libre mercado, pero no le gusta hacer las compras en el mercado; se declara agnóstico, pero es el primero en rezar cuando un avión entra en una zona de turbulencia; dice que es capitalista, pero no sabe ahorrar y carece de capital. En fin, ese señor es una contradicción andante, ¿quién lo entiende? ¿Yo? No. Y ya llevamos cincuenta años viviendo juntos él y yo, y la verdad es que todavía no aprendo a cohabitar con él en su cuerpo crecientemente perezoso, adiposo, en reposo.

Recién cuando me he resignado a aceptar que el señor Bayly es loco, lunático, bipolar, hombre-mujer, bicho raro, pájaro en extinción, entrevero o batiburrillo de cosas dispares y contradictorias; recién cuando le he perdonado y hasta celebrado sus excesos, desafueros y tropelías, sus vicios, defectos y pecadillos, sus miserables pliegues humanos, me ha sido posible reírme de él, con él, y ya luego reírme con otras personas que, como yo, encuentran risible, y a veces ridícula, la vida inmoderada, exagerada, de ese hombre que se obstina en convivir conmigo.

Me parece, entonces, que la más extraña y ardua pareja que he tenido y sigo teniendo (ya está claro que no nos vamos a divorciar) es la de esa persona que lleva mi nombre, habla por mí, me dicta palabras cuando escribo, duerme conmigo y, sobre todo, como si esa fuera su única misión testaruda en el hábito de acompañarme en las buenas y las malas, me recuerda que él y yo estamos acá para divertirnos, entretenernos, reírnos y pasarla bomba. En eso mi obligada pareja me rebaja siempre el ego, la vanidad, y me susurra esto al oído: "Que otros tengan la razón, ganen los debates intelectuales, ocupen el poder, riñan con aspereza por ver sus egos refulgir en lo más alto; tú y yo no caeremos en esas trampas porque lo único que nos interesa de veras es perseguir el placer como dos niños en una juguetería. Todo lo que nos desvía del placer es un error; todo lo que nos conduce al placer, un acierto". Así vivimos él y yo, y en ese punto tengo que reconocer que me ha ayudado mucho siendo mi pareja, porque yo soy necio, majadero, y a veces quiero tener la razón a cualquier precio, incluso al grado de agriarme el humor, estropearme el día y perder a un amigo. "No, tonto, no —me dice Bayly— no gana el que tiene la razón, gana el que la pasa bomba, el que goza más juiciosamente."

Me he casado, me he divorciado, he tenido novias y novios, me he enamorado como un perro callejero sin haber sido correspondido, me he vuelto a casar, he tenido tres hijas, he vivido la montaña rusa o el tiovivo del amor y, sin embargo, siempre he terminado volviendo a la desapacible vida en pareja con ese señor llamado Jaime Bayly. Ya nos vamos conociendo, estamos aprendiendo a querernos; ya sé que no puedo cambiar nada de él, ya no me sorprende que a veces quiera ser hombre y a veces mujer: él y yo no somos normales ni convencionales, somos bastante anormales, y cuanto más nos salimos de la norma o la saltamos, creo que más nos divertimos. Tal es la naturaleza díscola y traviesa de nuestra curiosa vida en pareja.

Al señor Bayly y a mí nos ha parecido que este nuevo libro de Alejandra Llamas es brillante, lúcido, valiente, cargado de sabiduría. Es un libro enormemente útil porque enseña cómo hacer las cosas bien y cómo no hacerlas mal en el arte de vivir en pareja; es un libro supremamente valiente porque se atreve, desde la razón, a refutar y desbaratar tantos prejuicios, tópicos, lugares comunes y cursilerías que en nada contribuyen a la felicidad; y es un libro sabio porque no le sobra una palabra y las ideas se exponen con una delicadeza, una sensibilidad y una precisión yo diría que artísticas. Y es, finalmente, un libro esperanzador, optimista, una verdadera inspiración para todos quienes perseguimos el amor, porque nada más terminar de leerlo he querido besar a mi esposa; pero como ella estaba dormida, he abrazado imaginariamente al señor Bayly, ese pesado, y creo que él me ha sonreído con ojillos pícaros, maliciosos.

Introducción

¿Cuál es el secreto de una relación exitosa? ¿Cuál es el propósito de vivir en pareja? ¿Debemos vivir así? Entonces, ¿qué hace que una pareja sea feliz y funcional? Estas son algunas preguntas que vamos a responder a lo largo de este libro para descubrir cómo se relacionan con cada uno de nosotros y con nuestra elección de tener pareja.

Para muchos de nosotros nuestras relaciones han sido impulsadas por razones culturales. Desde pequeños la sociedad nos alimenta con mensajes que dictan: vivir en pareja nos hace personas adecuadas, adaptadas y funcionales en un entorno determinado, y hemos respondido a dichos mensajes como si fueran la única realidad.

Más aun, muchos de nosotros tenemos una concepción del amor según la cual en una relación participan dos personas; sin embargo, esto no siempre fue así. A lo largo de la historia humana nos hemos relacionado de múltiples formas; además, en la actualidad existen grandes cuestionamientos a la monogamia permanente.

Los matrimonios, los noviazgos y las relaciones de pareja poco exitosas han dado pie a la idea de que alargar una relación por complacencias sociales no es natural. Muchos insistimos en relacionarnos para satisfacer concepciones no cuestionadas y consideramos la fidelidad como uno de los principales valores de una relación a veces por encima del amor. ¿Cuál sería un propósito más profundo y auténtico por el cual debamos establecer una relación más allá de condiciones o estándares culturales? Eso plantearemos en este libro.

Es interesante explorar que en la naturaleza existen distintas maneras de relacionarse. Por ejemplo, 90 por ciento de las aves viven en pareja, aunque solamente 3 por ciento de los mamíferos lo hacen, y los primates, junto con los humanos, solo 15 por ciento. Según Barash, existe abundante evidencia antropológica y biológica que demuestra que los seres humanos siempre han sido propensos a tener múltiples compañeros sexuales. Hasta ahora no hay pruebas que respalden que la monogamia es algo natural o normal en el ser humano. De los mamíferos, únicamente 3 por ciento son monógamos. Las orcas y algunos roedores, en cambio, son ejemplos de especies monógamas. También tenemos muestras de aves monógamas, como los pingüinos, los cuervos, los loros y las águilas.

Se cree que la monogamia se basa en el hecho de que los bebés humanos necesitan grandes cuidados, a diferencia de otros animales; por eso, para ellos es mejor tener dos padres. Además, los machos tienden a quedarse cerca de sus parejas para no permitir que otros competidores se acerquen, con el fin de proteger a sus crías, pues es parte de su instinto de supervivencia. Ésta constituye una etapa que dura algunos años, mientras el bebé se desarrolla.

Otra teoría nace de la práctica de la sexualidad que sostiene que ésta ha influido en la manera de relacionarnos. Durante la Antigüedad, la sexualidad humana se vivía de forma similar a la de la mayoría de los animales; entonces se practicaba el sexo en épocas de acoplamiento. Con la aparición de la agricultura y la ganadería surgió la propiedad privada, la cual transformó la sexualidad en prácticas monógamas con el objetivo de garantizar el patrimonio familiar.

El judaísmo continuó la transformación. El Antiguo Testamento determinó lo que se consideraba apropiado en el tema de la sexualidad. El matrimonio tenía como finalidad la descendencia, de manera que los hombres podían casarse con varias mujeres; pero si éstas mantenían relaciones con hombres que no fueran sus maridos, eran apedreadas. En la cultura egipcia el incesto estaba permitido. En Grecia se aceptaba la homosexualidad entre hombres adultos y adolescentes; en cambio, a la mujer se le valoraba sólo como una *gyne*, es decir, como simple portadora de hijos.

Cuando surgió la familia patriarcal, la sexualidad tuvo un doble significado: primero, como fin reproductivo, aceptada socialmente en el seno del matrimonio; segundo, como fuente de placer sólo para los hombres.

En la Edad Media la Iglesia consolidó su poder, lo cual derivó en el hecho de que la teología se equiparara con la ley civil. Así, la Iglesia reguló el matrimonio monógamo y declaró como demoniaco el instinto sexual. Asoció la sexualidad con la culpa y la vergüenza.

Las transformaciones continúan en nuestros días. Los hechos anteriores sólo son breves ejemplos de la variabilidad en la concepción de la monogamia y la sexualidad en la historia de la humanidad. Por lo tanto, la monogamia no es una práctica natural ni parte de la biología del ser humano, sino una construcción social que se ha transformado a partir de discursos hegemónicos.

Existen diferentes teorías que explican la monogamia de hoy en día como consecuencia del sistema social basado en la propiedad privada. En el momento en que se poseyeron bienes materiales nació la necesidad de traspasarlos como herencia. Se quiso asegurar la descendencia, y, por lo tanto, se consolidó la monogamia.

Siguiendo la línea de estas teorías, la monogamia en el complejo familia-matrimonio no sólo fomenta la propiedad privada sobre bienes materiales, sino también hace de la pareja —a las personas— una propiedad y, de alguna manera, objetos, cosas que se poseen. La exclusividad sexual y amorosa que se da en la monogamia puede considerarse como un aspecto de dominio de una persona sobre otra.

Entender la monogamia como una construcción social la desnaturaliza y cuestiona lo natural y espontánea que puede ser. Esta práctica surgió como una manera de reproducir el orden y las jerarquías sociales mediante la transmisión de valores a las hijas y a los hijos. Hoy es una forma de satisfacer estándares sexuales dentro de marcos restrictivos, además de mantener la idea de posesión.

Sería interesante cuestionar algo en lo que invertimos tanto tiempo y esfuerzo, y que nos parece tan natural: buscar, vivir y depender de una pareja, con todas las expectativas sociales que implica. Reconozcamos preguntas como las siguientes: ¿es natural tener relaciones de pareja y exigir monogamia a lo largo de toda la vida? Si la monogamia no es natural, ¿las relaciones de pareja tampoco lo son?

La antropóloga Helen Fisher, quien ha estudiado durante muchos años el cerebro en relación con las experiencias románticas, llegó a la conclusión de que aquél tiene la capacidad de amar a varias personas a la vez. Es decir, podemos estar con una persona mientras el cerebro experimenta atracción sexual o romántica por otra u otras.

Lo primero que hay que señalar al respecto es que la búsqueda de una relación de pareja no implica la confirmación de la monogamia permanente a lo largo de la vida. De hecho, uno en la vida puede tener muchas parejas como consecuencia de esa búsqueda.

La monogamia entraña que los seres humanos hemos sido concebidos para tener una pareja para siempre; aunque esto casi nunca sucede, no obstante que se haya establecido la institución del matrimonio para lograrlo. Este último, en la mayoría de las culturas, se presenta como garante de la condición monogámica del ser humano. Diversas confesiones religiosas lo presentan como un mandamiento divino. De ahí que las leyes que hacen eco del mandamiento son rigurosas en cuanto a castigar o privar de beneficios a quienes no se casan o deciden disolver el vinculo del matrimonio.

Muchos de nosotros crecimos influidos por dichos paradigmas a nivel social, moral y cultural. Lo interesante no es evaluar si algo es bueno o malo, sino si funciona para ti.

La fidelidad, al no ser un acto biológico, debe ser un acuerdo. Habla con tu pareja; decidan qué es válido para ustedes en relación con este tema. Si deciden honrar la fidelidad, piensen qué harían frente a una tentación de incumplir el acuerdo. La atracción física hacia otra persona puede ser tan fuerte que si has decidido honrar la fidelidad con tu pareja es mejor que tengas un plan para no caer en dicha tentación y honrar tu compromiso.

Ahora, ¿es posible ser *multipareja*? Los seres humanos estamos biológicamente preparados para serlo, pero no culturalmente. Ser multipareja implica un quiebre de toda una concepción construida y ratificada socialmente. Significa estar al margen del consenso normativo, cuestionar el orden establecido.

Entonces, ¿qué planteamiento nos sirve para esta nueva era? ¿Cuál es la finalidad de una relación de pareja? ¿Cuáles son los puntos claves para que ésta funcione y nos dé satisfacción? ¿Existe la posibilidad de no tener pareja y ser plenamente feliz?

Exploraremos a fondo estas cuestiones a lo largo de este libro.

Pero hay que estar abiertos a la posibilidad de elegir un tipo de relación de pareja, si eso es lo que queremos, en conciencia, al margen de concepciones preestablecidas, para que la relación que elijamos realmente tenga que ver con el amor; también hay que reconocer que si nuestra elección *es* vivir en pareja, debemos utilizar esa circunstancia para despertar espiritualmente, para lograr una evolución personal como seres humanos y aprender lo que significa la conexión íntima con otro ser humano. No obstante, si decidimos *no* vivir en pareja, alejémonos de las concepciones que nos envían mensajes de que somos inadecuados o desestabilizadores del sistema social. Estar o no en pareja es un concepto; lo ideal es crear una profunda capacidad de amor, para nosotros mismos y para los otros.

El secreto de una relación feliz se funda en la percepción de lo que cada persona espera de su pareja. Debemos preguntarnos: ¿elijo vivir en pareja para crear conciencia, evolución espiritual y autoconocimiento con el objeto de desarrollar en mí la experiencia del amor? Entonces, aprovecharé la cercanía y la intimidad que genera esta relación con ese fin, es decir, viviré siendo una pareja consciente.

Amar y vivir en pareja

En una relación amorosa nos encontramos y nos perdemos constantemente. Lo anterior se vincula con el amor y con la relación que tenemos con nosotros mismos.

Amar es poder autoobservarnos y conocernos; ver a otros más allá de nuestras máscaras, miedos, defensas, ataques. Amar es la experiencia más exquisita del ser humano; es la conexión con todos y con todo; es el máximo propósito, la gran enseñanza que venimos a revelarnos unos a otros en cada pequeño y en cada gran encuentro que experimentemos a lo largo del camino. Es el elíxir de la vida.

Finalmente, el amor es lo que buscamos todos. También es lo único real. En cada momento enseñamos miedo o amor. Lo que juzgue y vea en el otro es lo que alimento en mí. Si bendigo y amo a otro ser humano, me bendigo y me amo a mí mismo. Si culpo, terminaré sintiendo culpa y negatividad.

Así, cada relación nos abre la posibilidad de acercarnos a nuestra esencia divina o a un mundo de destrucción interno. Para vivir desde el amor es necesario alinear nuestras acciones y nuestros pensamientos a la libertad. Es fundamental saber que siempre podemos amar, aunque a veces será más sano alejarnos de la persona de manera física, pero conservando un corazón en paz.

Ahora bien, si lo único real es el amor, debemos entender que cualquier negatividad o cualquier enojo provienen del miedo. Una de las dos personas que conforman la relación debe tener la capacidad de identificar lo anterior y volver al amor para disolver la alucinación, para no engancharse en los actos negativos del otro.

Elegir amar a veces no es sencillo. Por ejemplo, es importante entender que cuando alguien miente, lo hace por el miedo que habita en él; lo mismo sucede cuando esa persona es cruel, manipula o es agresiva; esto no es otra cosa que el miedo, que se adueña de aquélla, y que la aleja de la presencia permanente del amor. Tener conciencia para alimentar el miedo o el amor en cada momento de la vida es parte de lo que otros vienen a enseñarnos, con lo fácil y lo difícil que sea cada relación.

Cuando no puedas salir del temor y del ataque, suéltalos; ofrécelos a una fuerza mayor y pide un cambio de perspectiva con el objetivo de ver la situación desde otra posición.

Tener esta intención evita buscar evidencias para atacar; nos regresa a la posibilidad de amar, lo cual no quiere decir pintar todo color de rosa, sino examinar nuestros sentimientos y nuestras emociones, estar dispuestos a entender su origen y movernos hacia la sanación. Para lograrlo es importante comprender que no somos víctimas de los actos de otros; por el contrario, somos responsables de cómo percibimos el mundo externo y de las conclusiones a las cuales llegamos, así como de detectar si permitimos que lo externo nos defina o nos dé libertad y poder.

En este libro sugiero remplazar la conducta que motiva al miedo por una actitud que nos acerque al amor, para lo cual las relaciones son nuestro gran vehículo. El miedo es producto de nuestra memoria, por lo que nos mantiene en el pasado y empaña lo que aparece frente a nosotros en el presente.

Aprendamos sobre lo que nos hace sufrir y evaluemos si existe otra manera de vivir. Dediquemos nuestra energía para asegurarnos de hacer hoy nuevas interpretaciones y elecciones ante las vivencias que nos dejen paz y amor.

Cuando descubras la seguridad en tu propio ser, habrás encontrado el amor. Motivado por la verdad podrás relacionarte con cualquier situación, pues tu fuerza interior será invulnerable ante el miedo. Por medio de este texto comprenderás que el mundo físico es el espejo de una inteligencia más profunda, no sólo aparente. La inteligencia es la organizadora invisible de lo que nos rodea y reside en nosotros. Con ella participamos del poder organizador del cosmos. Vivimos inseparables, vinculados con el todo. Vivir en equilibrio y pureza es el más elevado bien para ti y para la tierra; ése es el gran propósito que tenemos como parte de la humanidad. Son nuestras relaciones humanas las que nos moverán a un mundo mejor. La llave es el amor y lo que necesitamos es conciencia.

En lo personal he tenido parejas por diversas razones y por diferentes necesidades. Hoy, lo que percibo y requiero de mi pareja ha cambiado mucho. Cuando era joven busqué a alguien que me diera valor, que me validara como ser humano, que me completara. También pensé muchas veces que, sin pareja, parte de mí no existía; era como si alguien a mi lado me diera identidad.

Además, busqué aceptación y sentirme adecuada por medio de otra persona. Mi posición durante mucho tiempo consistió en depender y en exigir.

He trabajado mucho para sentirme libre en el seno de mi relación amorosa, para estar con mi pareja en paz, sentir amor y complicidad y compartir la presencia de alguien por quien siento inocencia, frescura y aprecio por la vida.

Mi relación se ha vuelto silenciosa y profunda. Cada uno surge de ella para realizar sus propias conquistas; después regresamos al silencio de nuestros encuentros, y sanamos con un bálsamo de cuidados y cariño. Lejos han quedado los reclamos, las expectativas y las exigencias. La vida se ha tornado en un baile, en el que hoy me siento completa, y me doy cuenta de que compartir mi presencia es lo único real.

Finalmente, todos somos hermanos con quienes nos toca vivir la intensidad de las relaciones humanas. Cada persona nos brinda vivencias diferentes. No necesitamos definir nuestro valor a través de los otros, porque ya somos seres completos. Vinimos a apoyarnos, a perdonar, a amar, a sanarnos unos a otros.

Para los griegos el amor se divide en seis pilares:

- *Ágape.* Se describe como el amor profundo, capaz de experimentar la conexión con todos y con la divinidad; no importa qué suceda. Lo llaman el amor verdadero en toda la extensión de la palabra. Es un lazo de fortaleza y de muy profundo cuidado dirigido hacia otra persona. Se refiere al amor incondicional, lo cual quiere decir que se ama sin que ningún obstáculo limite, defina o determine esa capacidad de amar. Existe cien por ciento libre de juicios, expectativas o reclamos, por lo que no se puede retener. Semejante forma de amar se ha visto sólo en seres humanos excepcionales. Y dado el nivel de conciencia que hoy vive la humanidad, descubrimos que existe un largo camino por recorrer para acercarnos de manera intensa a esta forma de amar y sentir la unión de todos los seres humanos.

- *Amor como compasión.* Tiene que ver con la capacidad de crear empatía con otros seres humanos: respetar, amar y comprender el camino de las experiencias de los otros. Implica estar abiertos a los sentimientos, las necesidades y las preocupaciones ajenas. Para vivir este amor debemos salir de la individualidad y de la forma competitiva de vivir. Es fundamental servir y dar; reconocer que para tener bienestar debemos ser sensibles a lo que sucede en el entorno, en la vida de los otros.
- *Eros.* Éste es el amor vinculado a la atracción, a la sexualidad y al deseo. Es el amor romántico en el que nos consume la pasión. Nos impele a querer una conexión emocional con otro ser humano. Aprecia lo interno, lo físico de la otra persona. Es la puerta para encontrar una conexión espiritual a través de otro ser humano y el bálsamo de bienestar que nos ofrece la entrega. Cuando se logra esta relación con éxito se llega a introducir el amor ágape a la experiencia de ambos. Dicha relación se vuelve unión e invita al amor sagrado y a la conexión con la divinidad. Es un sentir que nos impulsa a vivir tocando otras dimensiones que sólo este tipo de experiencias nos pueden ofrecer.
- *Codependencia.* Éste es el amor que inicia con una relación romántica, pero termina siendo un espacio de negociaciones y condicionamientos basados en las necesidades emocionales y psicológicas de cada individuo. Los dos integrantes de la pareja alejan su alma de la relación con el fin de alimentar su neurosis y sus necesidades emocionales que nacen de una carencia. En este tipo de encuentros por lo general se une un narcisista con una persona necesitada de afecto. Entonces, ambos se alejan del amor y se hunden en el conflicto y la desaprobación, de los cuales los dos se vuelven adictos biológica y químicamente (lo que Eckhart Tolle llama el *cuerpo del dolor*). Esta relación se encarna

en dos personas unidas por la necesidad imperiosa de destruirse. Ahí sacian su adicción.

- *Philia.* Se refiere al amor fraternal, el que sentimos por nuestra familia, nuestros compañeros de trabajo, nuestros amigos, etcétera. Se basa en la lealtad, el compañerismo y la cooperación. Es la conexión con otros como parte de un equipo, como complemento para la vida y para lograr nuestros objetivos.
- *Stroge.* Es el lazo amoroso de gran fuerza que existe entre padres e hijos, por ejemplo. Se fortalece con rituales, celebraciones, comidas, fiestas, en la convivencia día a día. Incluye obligaciones morales y un fuerte compromiso.

Lo anterior nos hace darnos cuenta de que el amor nos vuelve un vehículo para sentir, para experimentar un sentido más profundo de nuestro vivir y conectarnos con la magia de la vida. Pero no podemos sentir amor en ninguna de sus características si no aprendemos a amarnos a nosotros mismos.

Cuando decimos: "Deseo amar a alguien", nos referimos al auto amor. Nos hablamos a nosotros mismos de manera constante: yo soy quien habla y yo soy quien escucha y contesta. El amor es hacia uno mismo: de ahí proyectamos de modo permanente. La relación con el otro aparece a través de lo que pensamos y creemos de él; por lo tanto, las relaciones humanas se ligan con nuestra percepción. De este punto nodal se originan todas las relaciones. A partir de ese espacio surge este libro.

Capítulo 1

El propósito personal para vivir en pareja

La vida surge desde nosotros, de lo que filtramos a través de lo que percibimos, y de las conclusiones a las cuales llegamos a partir de cada situación y cada persona. Así, salimos al mundo a confirmar lo que creemos, a reforzar nuestras posturas, a crear las realidades que se apegan a nuestra perspectiva de vida.

En mi libro *El arte de conocerte*, hablo sobre los pilares que construyen al ser humano: lenguaje, declaraciones, pensamientos, creencias, ego, cultura y emociones. Éstos forman nuestra *visión del mundo* (cómo vemos, entendemos y actuamos frente a cada uno está respaldado por nuestros pilares), la cual nos construye como seres humanos únicos.

Mientras vivamos con pilares carentes acerca de nosotros, permitiremos abusos, falta de respeto, desequilibrio y ausencia de amor, pues en el fondo no nos sentimos merecedores de algo diferente; por lo tanto, no ponemos límites ni honramos nuestra fuerza espiritual.

En lugar de quejarnos por sentirnos víctimas de nuestras circunstancias, preguntémonos: ¿En qué pilares nos hallamos parados para crear esta realidad, estas dinámicas? ¿Escuchamos lo que nuestra pareja pone en voz alta con sus palabras y sus acciones para identificar lo que tenemos que sanar?

Una vez que elimines las conversaciones carentes en ti y vivas el amor por la persona que eres, serás capaz de relacionarte para amar y sentir la intimidad de la confianza y el bienestar que ofrece la pareja.

Por ejemplo, cuando llevo a cabo una sesión de *coaching* con alguien que tiene un tema con su pareja, me concentro en revelar lo que dictan sus pilares para que se revelen sus creencias y sus pensamientos, con el fin de replantearlos para que se alineen con la relación que desea. *Nuestra vida es un reflejo de lo que llevamos dentro.*

Mi poder como *coach* no está en pedir a una persona que cambie de pareja, porque ésta es un reflejo perfecto de sus pilares. Si cambia de novio, conseguirá otro igual (una persona que responda a las características que lleva dentro).

La mayoría de las personas cree que el mundo existe afuera. Viven al contrario, corriendo tras la seguridad, la aceptación, el amor, etcétera. Como si algo de afuera al fin pudiera proporcionarles la plenitud. Semejante búsqueda es ilusoria y temporal.

Lo primero que debemos hacer al iniciar un camino hacia el bienestar en cuanto a la pareja es elegir un propósito del cual surgir, uno que tenga que ver con nuestro ser, con la energía que queremos emanar y compartir, la energía que tiene que ver con quiénes somos y cómo actuamos; un propósito relacionado con la energía, por ejemplo, la paz, el amor, la luz, la fuerza, la claridad, la serenidad, etcétera.

Una vez elegido un propósito del ser y comprometidos a anclarnos a él a lo largo de nuestra vida, lo podemos cambiar, e inclusive utilizar dos, como la fuerza y la paz, según lo que cada quien cree que le suma en determinado momento. Entonces alineamos nuestra vida a nuestro propósito y a nuestros pilares del ser que mencionamos. Por ejemplo, hace muchos años yo decidí comprometerme con la paz. Declaré: SOY PAZ y me apegué a lo que dije con el gran valor que le doy a mi palabra, por lo que me comprometí a ser congruente. Y frente a cada situación, me detengo, observo y trabajo en lo que requiere de mí ser paz, aunque en ocasiones tengo que modificar mi lenguaje o replantear mis creencias y mis pensamientos para permanecer en la paz.

En *coaching* no salimos de conversaciones que hablen de que esto está bien o está mal, sino que nos preguntamos qué nos funciona y qué no para ser fieles a nuestros propósitos. Esto también está en relación con las creencias y los pensamientos que tienen que ver con la pareja. Lo que no funciona y nos aleja del propósito es puesto a un lado. Éste es un punto de partida para abordar lo que planteamos en este libro. Elige cuál es el propósito que contribuye a tu vida y apégate a él como una gran herramienta de claridad y como la brújula que marque tu sendero.

Una gran trampa para mantener vivo el propósito son los pensamientos que creemos reales. Por ejemplo, cuando decimos "Te amo", "Me gustas", "Qué lindo eres", "Me encanta lo sexy que te ves", y tiene poco que ver con el otro, hablamos de nuestra experiencia de pensamiento, o sea, nos encanta lo que esos pensamientos nos hacen sentir. Ahora bien, en cuanto tu pareja no te da lo que deseas, o crees necesitar, cambian tus ideas (es decir tu historia). Probablemente dices cosas como éstas: "Es injusto y controlador", "No lo soporto", "Es un egoísta", etcétera. Pregúntate qué tienen que ver esas cosas con él. Lo que ha cambiado es tu percepción y los pensamientos con los que te relacionas con la otra persona y has perdido la paz.

Cuando tu pareja te dice "Te adoro", lo lógico es pensar: "Qué alegría me provoca lo que me dice; debe estar muy contento con ese tipo de pensamientos".

Cuando tu pareja te dice "No te soporto, necesito que cambies para que yo sea feliz", entonces es evidente que está perdida en la pesadilla de sus pensamientos. Finalmente, ¿es un asunto personal? No. Reconocer esto te proporciona libertad.

Nadie puede entendernos realmente. Ni podemos entender a otros de manera profunda. Esto nos da esperanza, pues reconocemos que somos nosotros quienes debemos conocernos. Así, será en este espacio donde generemos una relación de gozo y de felicidad que compartamos con los demás.

El verdadero entendimiento que logramos consiste en reconocer que todo depende de nuestra visión del mundo. Ésta nos puede acercar o alejar del amor. Si reconocemos que no amamos a otros, nos duele; porque el amor es lo que somos en esencia, para nosotros y para los demás. Por lo tanto, en este camino de crecimiento, trabajaremos con dirigir nuestras percepciones hacia el amor con el fin de sentir bienestar y estar en equilibrio espiritual, para ser firmes con lo que deseamos ser.

Cuando nos volvemos seres amorosos, automáticamente amamos a otras personas, no como consecuencia de una elección, sino como algo natural que emerge de nosotros, fuera de las películas mentales.

Amantes, esposas, maridos, pareja, todo es una proyección de la mente. Inclusive etiquetar así a las personas, con todo lo que eso representa, incluye expectativas, condicionamiento social e irracionalidad, que pretendemos que estas personas traigan a nuestra vida.

Al conocer la experiencia de amar verdaderamente, pensamientos como "Deberías amarme", "Debes hacerme sentir bien", se vuelven absurdos. ¿Puedes detectar la arrogancia en un pensamiento de ese tipo? Nace de una distorsión que dicta lo siguiente: "No importa qué decidas… Yo te manipulo, te exijo y decido a quién debes amar". Lo contrario de amar, enfocados totalmente en nuestras necesidades y no en el respeto a los deseos de la otra persona.

En esta trampa de encontrar y forzar que otros nos amen, nos alejamos del propósito que buscamos. La responsabilidad de amarnos no es de otros, sino nuestra.

Amar es caer en la cuenta de que cada momento es bello y lleno de ti, lejos de pensamientos e ideas que te alejan de tu serenidad. Esto es entregarte a otros desde la libertad. Mientras vivamos con ideas como éstas: "Necesito una relación de pareja" o "Debería tener una relación", vamos a sufrir.

Experimentamos a otros a través de conceptos y de memorias de relaciones pasadas. Vivimos operando condicionamientos mentales acerca de cómo debería ser una relación o nuestra vida. Mi empeño se ubica en recrear esos conceptos una y otra vez y alejarme de lo que es real. La consecuencia es sufrir y dejar de sentir plenitud.

Lo real es el presente con determinadas personas, intercambios de experiencias y conexión. Las relaciones se crean a cada instante. Cómo nos relacionamos o, más bien, cómo amamos, tiene que ver con nuestra capacidad de entregarnos a la vida. Eso se logra en los vacíos, fuera de las ideas, los conceptos y las expectativas.

Lo que convencionalmente llamamos *amor* es una estrategia del ego para evitar rendirnos (entregarnos al presente). Buscas en otro lo que sólo puede venir en el estado en que te encuentras al rendirte, al soltar, al aceptar. El ego usa a esa persona "especial" y crea expectativas, lo que nos aleja de sanar nuestro interior. En español decimos "Te quiero". Pero querer algo y amar no son lo mismo. El verdadero amor no quiere algo, no tiene necesitad de poseer ni desea que el ser amado cambie. El ego selecciona a una persona y la destaca entre otras. Esta idea es una concepción social. Hay que encontrar el amor para todos los seres humanos. Si no, podemos caer en la trampa de usar a la persona que llamamos especial para caer en constante descontento al no sentirnos suficientes frente al otro, y al vivir con enojos y resentimientos relacionados con nuestras ideas de los roles sociales. Muchas veces estas relaciones, lejos de enseñarnos a amar, nos alimentan la negatividad y la separación frente a los demás.

El momento en que el ego sorprende a una persona y subraya con palabras como "Te amo, eres el especial para mí", puede despertar en nosotros ilusiones mentales que funcionan por un breve periodo de tiempo, permeando el exterior de todas aquellas necesidades que tenemos impuestas en otro ser humano; pero pronto nuestra proyección puede girar hacia la persona "especial" y comenzamos a ver nuestro propio desamor, odio y descontento, que se originan de no sentirnos completos y adecuados. Al final nosotros mismos nos reconectamos con nuestro propio veneno y la pareja que pensamos que nos iba a salvar (de nosotros mismos) se convierte en nuestro enemigo. El ego no se da cuenta de que su odio es la proyección del dolor universal que cargamos y que no hemos sanado. Debemos conectarnos con nosotros mismos con el fin de vivir integrados por amor.

Esto es muy común en los divorcios. Tenemos la etapa de la luna de miel, pero cuando esas dos personas viven su separación muchas veces sacan su dolor, su frustración y su veneno; aprovechan para destruir a la persona que antes consideraban "especial".

Algunas personas se enamoran y se desenamoran de manera constante. Y esto muchas veces tiene que ver con usar a otros para adormecer su dolor. Están en pareja un tiempo, hasta que la relación ya no les funciona. Lo más probable es que al final ninguna persona pueda sanar lo que lleva dentro.

Rendirte, soltar, amar en libertad, en primer lugar a ti mismo, puede hacer que encuentres el camino al amor verdadero. En el momento en que aceptas a alguien tal como es, emerge algo nuevo en ti que estaba cubierto por las necesidades del ego. Experimentas por primera vez una sensación innata de paz, tranquilidad, vitalidad, conexión y la posibilidad de vivir en integridad y en madurez.

En la aceptación nace el poder de lo incondicional frente a ti y frente a otros. Por primera vez eres tú relacionándote con lo verdadero. Cuando esto sucede aparece una nueva posibilidad de amar en el presente, justo cuando la dualidad amor/odio se desvanece. No se tergiversa a las personas como especiales, sino que son recibidas tal cual son; entonces, así las amas.

Amar desde lo profundo implica el nacimiento de una luz, una que brilla a través de nosotros, fenómeno que no sucede en las relaciones basadas en el ego/miedo. Si dejamos de amar conscientemente, ciertos patrones del pasado pueden controlar nuestras relaciones una vez más. Esto no quiere decir que en las relaciones construidas con base en el ego no amemos; sí lo hacemos pero no de manera permanente.

Al estar en conflicto y aceptar radicalmente lo que se encuentra frente a nosotros, se abre la posibilidad de ir más allá, de trascender. Si sentimos odio o resentimiento, en el momento en que recibimos la situación o a la persona tal cual es nos conectamos al amor. Lo exterior puede seguir ahí, pero el poder que tenía sobre nosotros se dispersa.

Por ejemplo, si nuestro pleito con nuestra pareja se basa en una infidelidad o en el hecho de que no nos apoya económicamente o en la circunstancia de que la manera como nos habla nos parece inadecuada, etcétera, podemos caer en una trampa: desde un punto de vista social o moral tendremos la razón, pero, al no rendirnos a lo que es, peleamos, creamos guerras internas, vivimos en constante conflicto. El primer paso para conseguir la paz es aceptar. Luego, con las resistencias suaves, crearemos la estrategia que nos alinee con el amor. Con esa claridad tendremos la capacidad de decidir cómo queremos actuar alineados a nuestro propósito del ser.

Entre más inconscientes vivamos, más nos identificaremos con el mundo de la forma (lo material y lo aparente). La esencia de vivir inconscientes es estar apegados a una situación, un lugar, un evento, una persona, un pensamiento o una emoción. Lo que nos hace sufrir es lo que nos contamos y lo que pensamos, porque creemos que tenemos la razón.

Reflexiona: ¿Quién serías sin tus historias? ¿La negatividad vive en lo que pasó o en lo que piensas de lo que pasó? Lo que sucedió está en el pasado, pero son tus pensamientos los que todavía tienen el poder de crearte emociones negativas.

Acuérdate de que la víctima siempre está enojada y necesita un pasado y una historia que la avale. Esta manera de vivir se vuelve adictiva. Muchas veces las historias que hacemos sobre las parejas se vuelven conversaciones recurrentes y habitantes de nosotros; su fin es crear desamor y quitarnos poder.

Mientras mayor sea el apego a las historias, más extrema será la reacción negativa. Por lo tanto, el objetivo es vivir en conciencia, desde lo real, en cualquier relación: salir de las reacciones del ego para incrementar la capacidad de amar con verdad.

Necesitar a alguien para nuestro bienestar sabotea el futuro de cualquier relación. Para crear una relación íntima y agradable con nuestra pareja es importante liberarnos de la necesidad de control y de la creencia de que, para vivir completos, debemos establecer una relación de pareja de ciertas características.

Al dejar ir la necesidad de ejercer poder sobre otra persona se permite una dinámica en la cual los dos aparecen completos; se abre la posibilidad de que ambos tengan la razón. Crear así la relación ayuda a sentirnos libres de conflictos y luchas de poder. La dinámica se convierte en una experiencia honesta, generada de intercambios que conducen a la construcción, no a la destrucción. Nos volvemos seres que reconocen el privilegio de encontrar un compañero que nos ayude a crecer en el terreno espiritual. Entregarte a una relación consciente eleva el propósito de los encuentros de un estado meramente físico al reino de lo sagrado.

> Convertirse en una persona consciente no es una tarea para los débiles de corazón, sino para aquellas almas valientes que desean experimentar una verdadera conexión con otros.

Las parejas son ideales para despertar nuestras heridas psíquicas. A través de esos encuentros, las reacciones más profundas y nuestros matices más oscuros quedan a la luz. Muchas veces el pasado se aviva entre las parejas, pues en estas relaciones surgen los conflictos irresueltos que cargamos desde la infancia, así como creencias de nuestra identidad y otras cargas culturales que arrastramos, que nos limitan para relacionarnos desde un mejor lugar. Al darnos cuenta de cómo nos dirige el pasado en muchos aspectos de la manera en que nos relacionamos hoy, poco a poco nos volvemos capaces de ser más auténticos en el presente. Vive atento; observa la manera de relacionarte con el otro, ya que la inconsciencia se filtra en nuestras interacciones a la menor provocación.

La pareja es un espejo de nuestra inconsciencia, de lo que no descubrimos a simple vista en nosotros mismos, pero que venimos a sanar a esta vida. Lo ideal es colocarnos ante la oportunidad de despertar a nosotros mismos y a nuestras revelaciones más profundas: vivir dispuestos a mirarnos a nosotros mismos y lograr, a través de la relación de pareja, la propia evolución. De esta manera podremos alejarnos de la ilusión de que él o ella cambie, y seguir con la mirada puesta en nosotros, donde realmente se halla la responsabilidad y la posibilidad del autoconocimiento.

Mientras que el crecimiento de cada persona es único, la naturaleza de la transformación es universal, por lo cual debemos crear conversaciones que abran nuevas rutas: ¿me dejo guiar hacia un mayor despertar espiritual a través de mi relación de pareja? ¿Utilizo las interacciones para conocerme mejor? ¿Cómo puedo relacionarme conmigo y convertirme en la pareja que funciona para ambos?

Para identificar cómo el pasado interviene en el presente necesitamos de alguien cercano para echar luz y darnos cuenta cómo los patrones aprendidos influyen en la actualidad. Desafortunadamente, muchas veces no reconocemos esta relación como un apoyo para revelar nuestra participación en dinámicas que no nos funcionan. En cambio, buscamos que su propósito sea cumplir con nuestros planes y nuestras fantasías en un plano superficial.

¿Cómo podemos mantener una relación de pareja en el mundo físico, sin mermar su espíritu? Si crees que tu espíritu fue disminuido por alguna pareja, la cual estaba separada de su propio espíritu, existe el riesgo de que quieras dañar la esencia de tu pareja actual. Puede ser que inconscientemente le desees el mismo dolor por el cual pasaste. Por eso es muy importante liberarnos de nuestro estado inconsciente y avanzar hacia un camino en el que encontremos mayor claridad.

La pareja no debe ser una cuestión intelectual. Es un intercambio molecular, energético y emocional en el cual nuestra psique interactúa con la del otro. A menos de que seamos conscientes de una dimensión más profunda entre la pareja, nos relacionamos sin prestar atención a las necesidades reales del otro.

Pregúntate: ¿Cuál es el origen del comportamiento de mi pareja?, ¿qué está sanando?

Una manera ágil de permitir la sanación es liberar la relación de la necesidad de aprobación. Sin darnos cuenta, entretejemos en nuestras conversaciones nuestras opiniones y nuestros juicios acerca de ideas y creencias que muchas veces están cargados de expectativas y tendemos a propiciar relaciones en las que el otro se halla en constante búsqueda de su aceptación frente a nosotros y pierde su autenticidad.

El crecimiento personal se detiene cuando vivimos con el constante miedo a decepcionar. Imagínate la diferencia en la dinámica si sabes que la aceptación vive de manera constante y se honra incondicionalmente.

A lo mejor te preguntas: ¿qué hago cuando las personas no actúan conforme a lo que espero?

Si la pareja no actúa de una manera que a ti te funcione, no se trata de establecer una conversación de "está bien o está mal", como ya mencioné —ya que esto invita a los juicios—, sino de respetar, acordar y ser fiel a lo que va en armonía con *tu* propósito y *tu* bienestar.

¿Quiénes somos para juzgarnos unos a otros? Cada uno tiene derecho a ser aceptado por quien es, con su luz y su sombra. No venimos a conceder este valor. Vivamos con la oportunidad de dar voz a lo que deseamos: expresémonos con responsabilidad; promovamos que florezca el espíritu individual al respetarnos a nosotros y a los otros. El objetivo de la pareja debe ser apoyarnos con el fin de que se manifieste una relación que pueda integrar lo complejo de cada ser humano sostenido por el amor.

La conversación que nace de la aprobación tiene raíces en el control y surge del miedo. Mientras podemos admirar a nuestra pareja y celebrar sus éxitos es fácil que se introduzca la corrupción de la aprobación o la desaprobación, lo cual abre la puerta a una dinámica en la que las emociones se ponen en juego; y así comenzamos a dar resultados para complacer al otro y se pierde la naturalidad.

Para no caer en el juego de la aceptación y el rechazo practiquemos lo siguiente: que nuestros actos y nuestras palabras, de manera constante, comuniquen un aprecio incondicional por el otro.

Agradece las enseñanzas que te ha traído. Reconoce que el amor existe siempre y que desde este amor surge la relación.

La aceptación y rendirte no son actos pasivos

La aceptación o rendirte no tiene que ver con una cuestión pasiva. Ésta no es una decisión intelectual: involucra a nuestro corazón, a nuestra mente y a nuestro espíritu. Al vivir en la aceptación, nos conectamos con el presente, a través de un proceso activo y profundo. El reto es, primero que nada, valorar si queremos vivir con la abundancia que nos ofrece dar un paso atrás en nuestras vivencias, para decidir: ¿quién quiero ser frente a lo vivido? Regresa a tu propósito: ser amor, ser paz o ser posibilidades, etcétera. Así, no te atropella el exterior y te quedas con el poder de elegir tu manera de responder.

Si consideras que el comportamiento de tu pareja es malo por desafiarte o por provocarte enojo, la respuesta apropiada es hablar con claridad y firmeza. Crea acuerdos de lo que es tolerable para ti en la relación y de lo que no aceptarás. En muchas ocasiones, el enojo se relaciona con uno mismo, quizá por permitir situaciones que no nos honran, proyectando el malestar de uno en otros.

Si el comportamiento de la pareja nace porque él o ella experimentan emociones dolorosas, debemos ser comprensivos y no tomar sus actos de manera personal. Si ves que actúan necesitados o reaccionan mal, probablemente los suyos son llamados de amor; si están empalagosos, puede ser que necesiten que seamos lindos, atentos con ellos. Si hemos sido posesivos y no hemos dejado que sean independientes con sus sueños, entonces puede ser que debamos soltarlos, para que vivan contentos consigo mismos y puedan florecer. Si nuestra pareja necesita privacidad y tranquilidad, debemos darle su espacio, aceptando su deseo. Así nos apoyamos y nos complementamos en un crecimiento paralelo.

Cuando soltamos el cuerpo y nos sentimos cómodos al reconocer nuestras fallas y nuestros errores, no en una forma autodestructiva sino natural, comunicamos el mensaje de que no acertar es inevitable. Al aligerarte con tu imperfección y al aceptar tus inseguridades, bajas del pedestal de la grandiosidad, de la necesidad de sentirte superior y corregir a otros; lo cual significa un gran descanso para cualquier relación que tengas cerca. Esto es de lo más común y destructivo que veo en mis estudiantes: la necesidad de dirigir a otros hacia sus propios ideales. Procura establecer un espacio de ser humano a ser humano, de espíritu a espíritu. Permite encontrar armonía en lo imperfecto de cualquier vínculo con otros.

Perdemos la paz (o nuestro propósito) cuando entramos en conversaciones del tipo: "No voy a ser feliz hasta que él cambie… O hasta que haga… o hasta que esto pase…"

Ponemos nuestra felicidad en manos de otro; retenemos nuestro amor; nos quedamos sin poder. Además, creamos una conversación viciosa, que sólo se enfoca en lo que desaprobamos del otro. Este juego es el que ocasiona las rupturas de las parejas con las que he trabajado.

El propósito de cualquier relación es el crecimiento personal. Para crear conciencia en nuestra relación de pareja preguntémonos: ¿amo o necesito? Si no sientes alegría, si no ofreces bienestar, no es posible que seas un generador de felicidad para tu pareja. Como resultado, dejas de compartir este tipo de energía en tu relación y probablemente exiges que el otro sacie lo que tú deseas sentir. En este ejemplo, rápidamente nos movemos de amar a necesitar.

¿Cómo ofrecer lo que no tienes?

A menos que te sientas satisfecho, usarás a tu pareja para completarte. Sin darte cuenta, le proyectas tus miedos, tus inseguridades y tu dolor. Ésta es la gran pérdida de no estar conscientes. Como dijimos, cuando nos relacionamos desde la confusión, nos alejamos del amor. Así, nuestra relación parte de las carencias y no desde la fuerza.

Observo que es común que parejas se quedan juntas a pesar del resentimiento y la desilusión que surge después de que las fachadas se desvanecen. Quieren algo uno del otro y creen que pueden conseguirlo. Dos de las cosas más comunes que buscan son comodidad, seguridad y no confrontar sus miedos. Quizá piensan: "No eres la persona que imaginé cuando nos conocimos, pero me das lo que quiero; entonces, me quedo contigo y digo que es amor". O: "No estoy contenta, pero el temor de dejar esta relación es más fuerte que mi insatisfacción". Creen que sentirse seguros, cómodos y acompañados por esa persona es una buena compensación a su desilusión. Están convencidos de que quedarse en ese lugar es lo realista e inevitable. Su pensamiento incluye creencias dolorosas del tipo: "El amor no dura"; "Esto es todo lo que merezco"; "Estar con alguien que no amo es mejor que estar solo"; "Debo quedarme en la relación, porque yo no soy suficiente"; "Qué pensará la gente si fracasa mi relación".

En esta cultura usamos nuestros encantos, nuestros talentos y nuestra inteligencia para conquistar a una pareja. Muchos comenzamos un romance construido sobre fantasías. Después, cuando las cosas no salen como queríamos o esperábamos, nos enojamos y nos frustramos. Esto no es bueno para nadie. Claramente no somos capaces de sentir amor por la otra persona porque la hemos vuelto un objeto. Pero, sobre todo, demuestra que no sentimos amor por nosotros mismos. Tener amor propio es ser capaz de decir: "Quiero que mi pareja tenga y haga lo que quiera". También darme cuenta de que no hay otra alternativa. Él hará lo que quiera; eso es adecuado, eso es lo que quiero, porque cuando estoy en contra de la naturaleza de otro, sufro y me pongo en guerra.

Muchas personas nos encontramos en relaciones por razones incorrectas, más cerca del miedo que del amor. Debes ser honesto contigo, y si has dejado de crecer en la relación, permite que se disuelva. A lo mejor estás con alguien por alguna de las siguientes razones pero, ¡ojo!, pueden ser una trampa: felicidad, compromiso, atracción sexual, hijos, soledad.

La felicidad que depende de una razón es una forma de miseria. Por lo tanto, si seguimos en una relación por satisfacción, en el momento en que creas que no te hace feliz, dejarás de crecer en ella. Si es por compromiso, y existe una infidelidad y se aligera el compromiso, no verás el objetivo de seguir ahí. Si es por la atracción sexual y tu pareja se enferma o pierde el apetito sexual, pasarás momentos difíciles. Los hijos son un gran regalo, pero eventualmente se alejan de nosotros para hacer su vida. Y si ustedes no pueden tener hijos, entonces, ¿qué sucede con la relación? Estar solo es relativo. Hay personas que en pareja están más solas que si vivieran independientes. El problema con dichas posturas es que condicionan las relaciones e invitan al control de algo que está fuera de ti.

Vivimos en disyuntivas si:

- Alguien debe hacerte feliz.
- Alguien debe comprometerse de la manera que lo necesitas.
- Alguien debe desearte y satisfacerte sexualmente.
- Alguien debe participar contigo en tu proyecto de vida.
- Alguien debe hacerte sentir adecuado, suficiente, aceptado y amado para que te sientas satisfecho con la persona que eres.

Lejos de ser nuestro enemigo, nuestra pareja debe ser una puerta a la sanación. La misión de nuestros compañeros de vida es ayudarnos a entender que la única solución a cualquier problema es el amor. Nuestro regalo es escuchar su mensaje. Cuando nos sentimos desconectados de alguien, no podemos amar. Cuando juzgamos a una persona o a nosotros mismos y decidimos corregirlos, les confiscamos nuestro amor. Aun cuando decidimos que están bien, decomisamos nuestro amor, pues hacemos que sea condicional a nuestra opinión y a nuestras creencias.

Tratar de cambiar a alguien limita nuestro amor y envía un mensaje de que esa persona es inadecuada. Además, puede ser que al intentar cambiarla le hagamos daño, ya que es posible que interfiramos en su lección espiritual, en su misión y en su crecimiento personal. Nuestra evolución depende de relacionarnos con la otra persona desde la persona que queremos ser y no desde nuestras reacciones.

Cuestiónate: ¿qué juicios tienes que te impiden aceptar a tu pareja tal cual es? Haz una lista y escríbela.

Eso que escribas es precisamente lo que piensas y lo que crea resistencias para que fluya tu relación. Una vez que dejes ir los juicios, y con ello las posturas y los ataques, todo cobrará un orden; lo más probable es que la persona cambie. Irónico, ¿cierto?

Podemos darnos lo que exigimos a otros; podemos elegir cómo sentirnos y cómo responder frente a otros, pero no tenemos ningún control sobre la vida de los demás.

Si el propósito de nuestra relación se basa en algún elemento sobre el cual no tenemos control o en el que no podemos tomar responsabilidad, no nos debe sorprender que la relación se muestre frágil a la menor provocación.

Por lo tanto, el propósito de la relación debe sostenerse en pilares anclados en el amor. Debemos responsabilizarnos buscando constantemente soluciones y oportunidades, y no culpabilizando al otro, lo que nos coloca en la posición de víctima.

Así, la relación tendrá la fuerza para afrontar retos, momentos de conflicto y obstáculos, pero en cada instante podrás recrearte, proponer nuevos acuerdos, responsabilizarte de crecer a cada paso. Esto evita que caigas en posturas donde pierdes el poder y te apegas a la queja.

Ejercicio

La dinámica de la honestidad te ayuda a cambiar la sensación de estar en una relación estancada y en un patrón de constante negatividad.

Sigue los siguientes pasos:

1) ***Honestidad***. Habla desde el corazón.

2) ***Observa***. Explica qué ha sucedido en ti; hazte responsable de tus ataques.
3) ***Investiga***. Cambia juicio por curiosidad; pregunta para saber cómo se siente el otro y qué está viviendo.
4) ***Sepárate del ego***. Suelta la necesidad de tener la razón.
5) ***Negocia***. Reinventen un acuerdo que funcione para los dos y comprométanse con él; si los acuerdos no se concretan, son conversaciones de conflicto latentes en la relación.
6) ***Amen y sanen***. Recuerda cuál es tu propósito y el de tu relación.

Cuando esta es la plataforma en la que generamos las relaciones, salimos de dudas, frustraciones, miedo al futuro o decepciones; porque sabemos que pase lo que pase podremos vivir con la pareja, tanto en celebraciones como en momentos de desafíos.

Relaciones sin fantasías

Es importante destacar la influencia de un pensamiento inconsciente que predomina en nuestra psique colectiva: "…Y vivieron felices por siempre". Muchas de nuestras expectativas son propulsadas por asociaciones que hicimos desde pequeños; éstas se vuelven un punto de partida importante para crear el contexto de las relaciones que sostenemos.

Por alguna circunstancia el niño se identifica con la fantasía de una película, telenovela, cuento, etcétera; por ejemplo, *Cenicienta*. En este caso, la psique de las mujeres puede conectarse con la esperanza de encontrar al príncipe azul y vivir por siempre feliz. El hombre tal vez se relacione con el rol del valiente, guapo y fuerte que rescata a su amada y hace que todo funcione bien.

Esta implicación que parece inocente tiene consecuencias de grandes alcances. Como mujeres adultas esperamos ser rescatadas, completadas por un hombre para alcanzar la felicidad. Y el hombre asume la responsabilidad de convertir todo en oro. Él desea tener una belleza a su lado, ser visto como un héroe y ser apreciado por sus logros, además de atendido en casa. Quizás estemos generalizando, pero basta observar cómo están organizadas las vidas socialmente y evaluar si la teoría queda lejos del anhelo de imitar un cuento de hadas.

Los patrones que operan en nosotros se crean desde que somos pequeños. Muchos no son sanos para experimentar una vida auténtica. Cuando los reconocemos es alarmante evidenciar de qué manera estamos programados para actuar y reaccionar. Lo que vimos de niños siembra las semillas de lo que esperamos del futuro y traemos al presente.

Una relación basada en estos arquetipos es una decepción. A veces, la relación creada así suma más problemas e inconformidades que cuando estábamos solos. Lo curioso es que todo esto lo hacemos en nombre del amor, impulsados por la promesa de que ahí encontraremos el descanso a la búsqueda de la plenitud deseada.

Cuando sientes que tu relación se ha estancado, es importante trabajar para convertirte en la pareja con la que deseas estar. Similar atrae a similar. Si somos personas que demandamos emocionalmente a otros, es probable que terminemos en una relación codependiente. Si somos conflictivos, crearemos inconformidad constante en nuestro día a día. Lo más probable es que le echemos la culpa a otros sin darnos cuenta de que nosotros somos los generadores de esas dinámicas conflictivas. Si existe drama fuera de ti, es porque vive dentro de ti.

¿Cómo mantener la relación viva después de muchos años? Si sientes que tu relación no se mantiene viva, probablemente ya no lo está. Reflexiona si sigues en esa relación por costumbre, por comodidad, por cuestiones morales o sociales. Si tu alma y tu corazón ya no están involucrados en la relación, sería importante replantearla.

¿Soy codependiente de mi pareja? Creamos apegos de esta naturaleza cuando creemos necesitar al otro para estar completos. Inclusive, decir que eres codependiente es una declaración (como hemos visto, cuando declaramos algo salimos a la vida a evidenciar que esto sea cierto). El mismo lenguaje nos condiciona. Cambia tu declaración. Haz lo que tengas que hacer para tener una vida satisfactoria solo. Cuando esto suceda, estarás listo para compartir con otros.

Tal vez el gran propósito de una relación sea compartir la presencia; crear una relación que nace del silencio y termina en la serenidad, en la que el amor esté presente y las palabras unan las almas, y establecer una conexión profunda de amor incondicional, en la cual podamos ser vulnerables, fuertes, genuinos; pero, sobre todo, debemos dejar ir aquello que pretendemos y que nos hace vivir con miedos y carencias.

Imagínate vivir en una relación que te abra la oportunidad de apreciar y celebrar las características únicas que tiene cada ser humano; volver sagrados tus encuentros con tu pareja, llenos de magia, y permitir que traigan experiencias que nutran un espacio para compartir, uno que roce tu bienestar espiritual. Imagina, entonces, relaciones sanas que llenen la vida con los sabores más ricos que podemos desear.

Para lograr lo anterior, debemos estar alertas de cómo aparecemos en nuestras relaciones; observar si dentro de ellas logramos elevar nuestra presencia y nuestro estado de conciencia al escuchar nuevas posibilidades de actuar. Es importante dejar de reaccionar con patrones pasados, alimentados por nuestras memorias repetitivas sobre cómo hemos entendido la vida hasta este momento. Es fundamental mostrarnos dispuestos a aprender una nueva forma de relacionarnos. Empezar de cero, ser curiosos, buscar nuevos caminos en nuestra relación para vivir con la serenidad que requiere el mundo.

En este nuevo aprendizaje incluyamos ser honestos con nosotros mismos e íntegros. Cuando alguno de estos elementos se pierde, la relación frena su evolución y nosotros nos abrimos a la posibilidad de caer en hoyos negros de energía negativa.

Hay una paradoja interesante en este tema: no necesitamos a otros para vivir completos, realizados y arrojados al amor; pero sin otros no existimos.

Esto es el misterio, la frustración y la alegría de la experiencia humana. Se requiere un entendimiento profundo para lograr este equilibrio, de manera que haga sentido en nuestras vidas. Pocas personas lo logran.

Ocúpate de ti, de tu crecimiento, de tu pasión por la vida, de desarrollar dimensiones de amor más profundas.

Enfocarnos en otros, aunque sea en la pareja, o mantener obsesivamente el enfoque en otros, perjudica las relaciones humanas.

Ejercicio

1) Evalúa tus relaciones pasadas. Abandona la silla de la víctima, de los reclamos y de la queja; suelta tus historias; libérate para relacionarte desde un nuevo lugar en ti.

2) Haz una lista de lo que te ha enseñado cada relación.

3) Identifica qué mensajes sociales o fantasías exiges en tu relación.

4) Reflexiona sobre la historia con tus padres y resuelve los conflictos que tengas con ellos para que no los lleves a tu relación. Perdona.

5) Deshazte por completo de la dependencia; conviértete en un ser responsable de tu economía, de tu felicidad, de tu realización y de tus sueños.

6) Habla con tu pareja acerca de nuevos acuerdos, más sanos y fuertes para los dos.

7) Identifica que tus mayores pleitos no tienen que ver con los que discutes, sino con algo más profundo; en gran medida, son discusiones acerca de quién tiene la razón o quién tiene el poder.

Capítulo 2

¿Quién soy frente al otro?

El sabio entiende que lo importante no es lo que el otro piensa, hace, tiene, desea o demanda. No importa lo que el otro planea o espera. Lo único importante es quién eres tú en relación con lo anterior.

No importa la pregunta que tengas sobre tu relación: La respuesta siempre será:

"Estamos aquí, en la vida con otros, para facilitar en uno y en ellos un estado elevado de conciencia. Vivimos con el fin de encontrar la divinidad en todo lo que nos rodea; la manera como cada quien encuentre este camino es válida. Lo importante es despertar a dicho propósito."

El primer paso es saber que no existen relaciones sin retos. Éstas nos muestran lo que debemos sanar, además de la magia y lo completos que estamos. Como compañeros podemos proveer diferentes cosas en distintos momentos; por ejemplo, apoyo, una plataforma sólida de la cual despegar para crecer y explorar. Nuestras relaciones nos ayudan a construir un camino al cual se dirige nuestro mayor ser.

Necesitamos los obstáculos que generan las relaciones y todo lo que ellas sacan de nosotros para explorar qué cargamos, qué debemos soltar, sanar y transcender. Así, nuestros compañeros, con sus actos, sus pensamientos y sus actitudes, juegan diversos roles para incitar nuestra incomodidad, nuestras reacciones y nuestros enojos. Si nos quedamos reactivos, aferrados a la negatividad, no aprendimos la lección: viviremos atados a historias apegadas al ego y al plano físico, sin lograr crecimiento alguno.

Si levantamos la mirada, veremos más allá, y nos preguntaremos: ¿Para qué?, en lugar de: ¿Por qué?

Cambiará entonces la manera en que experimentas a otros y el propósito de la vida espiritual tomará el rumbo correcto. Si permaneces miope frente a tu propia victimización, probablemente detendrás de tal manera la evolución que llegarás a enfermarte. Al final, perderás el poder de apreciar que la vida sucede para la liberación y la sanción, mas no en contra tuya. Muchos buscamos la estabilidad, que sin duda trae riqueza y descanso necesario; sin embargo, en los momentos de crisis (en *coaching* éstos no son apreciados como negativos) surgen grandes revelaciones y defininimos qué queremos y qué no queremos; observamos nuestra fuerza; nos conectamos con los grandes deseos del espíritu. Permitir el cambio y lo que trae a nuestra vida logra un mayor crecimiento y un rediseño de lo que es adecuado para nuestra vida ahora.

Qué pasa si hoy te preguntas: ¿para qué he vivido? Ten una conversación con tu pareja acerca de lo que has aprendido, acerca de qué se necesita para afinar su relación y en qué áreas no se sienten auténticos el uno con el otro.

En algún momento, a lo largo de la historia, nos perdimos, comenzamos a vivir con una gran distorsión; nos alejamos de la verdad. En lugar de encontrar paz dentro de nosotros, la buscamos en la forma de otro ser humano, de otra situación o de otro objeto.

Desde pequeños nos esforzamos por tener a alguien a nuestro lado. En muchas ocasiones, las relaciones terminan porque no cumplen nuestras expectativas, pues pensamos que debe haber una mejor opción para nosotros, o simplemente algunas relaciones terminaron su ciclo y lo que venían a enseñarnos. Lo triste es que a veces vivimos en una relación deseando libertad y nos ata nuestra parte más pobre. Ninguna relación florecerá si no estamos dispuestos a pararnos frente a nuestros demonios y confrontarlos, a aprender y a liberarnos de nuestras miserias mentales. Es común que nuestro dolor sea proyectado en nuestra pareja; por lo tanto, la persona amada desaparece y con lo que realmente nos relacionamos es con nuestros miedos y nuestras inseguridades fomentados por nosotros mismos. Y al proyectarlos pensamos que pertenecen al otro; entonces nuestra relación se aboca a culpar al otro de lo que nos pasa y esto crea una ilusión en la que nos perdemos.

Todas las personas cercanas nos dan la oportunidad de escoger entre la proyección o el perdón; entre la unión o la separación. La culpa, que es tan común en nuestra cultura y que perjudica tanto al ser humano, nace cuando creemos que hemos hecho algo mal. La vergüenza nos lleva a un nivel profundo de malestar en el que tenemos una creencia de que hay algo malo con nosotros como seres humanos. Esto bloquea la energía necesaria para que cualquier relación florezca, primordialmente la de uno mismo. En *coaching* cambiamos la palabra *culpa* por la de *responsabilidad*. La primera vive en el pasado y la segunda nos trae al presente. Al hacernos responsables de cómo nos relacionamos con lo vivido desde el perdón y la compasión permitimos relacionarnos con nosotros desde la paz.

Si no eliminamos este tipo de sentimientos negativos se albergarán de manera permanente en nuestro interior. Lo inevitable es responder desde el dolor que nos causan, a la defensiva y mermando nuestras interacciones. La manera de abrir la puerta a emociones como éstas es nuestra explicación (nuestra historia). Si algo te despierta malestar o arrepentimiento, piensa: ¿dónde están las pruebas de lo que pienso? Si te das cuenta de que es una conversación que vive en tu mente, es una historia que deberás desvanecer. Si existen consecuencias de tus actos, deberás asumir la responsabilidad y construir algo nuevo hoy. Toma en cuenta que dejarte arrastrar por la conversación interna tiene como fin alimentar al ego, llenarte de emociones tóxicas.

A veces ni siquiera nos damos cuenta de que arraigamos intensa vergüenza o culpa sobre aspectos de nosotros mismos. Carl Jung, psicoanalista suizo, se refirió a esto como nuestra sombra, pues representan un lado oscuro de nuestra mente. Esto incluye un espacio que nos causa conflicto asimilar.

Observamos en la otra persona lo que no hemos visto y sanado de nosotros mismos. Hacemos responsable al otro por lo negativo; arrojamos en ellos las fallas que no podemos ver que nos pertenecen. De esta manera, sometemos al otro sujeto a ser castigado, para sentir que vivimos en lo correcto y que estamos fuera de peligro de ser atacados.

Si hoy estás dispuesto a ver en qué áreas de ti debe haber crecimiento o qué partes has desconocido, simplemente observa a la gente que te rodea y ve qué características de ella te molestan. Si lo que ves es frustración e irritabilidad, probablemente no has lidiado con tu propio enojo. Si la gente no te da suficiente amor, una parte de ti no está dispuesta a amar.

Plantear que nuestras fallas son responsabilidad de las personas que nos criaron no es productivo; es más útil preguntarnos: en este escenario familiar, ¿qué vine a aprender?

No somos un cuerpo, no somos los esclavos de nuestra personalidad o de los roles que jugamos ser; ni siquiera somos necesariamente producto de nuestro pasado. Creer que somos todas estas cosas refuerza la separación. Realmente somos energía y como tal podemos reinventarnos, transformarnos y renovarnos cuando sea necesario. Desde esta postura observamos que hay más lecciones en juego en cada momento de las que se observan a simple vista y que tenemos siempre más poder y decir del que nos permitimos.

Ejercicio de conciencia 1

Piensa en alguien que conozcas e identifica cómo su negatividad acaba encima de otros sin que él pueda darse cuenta de lo que sucede. Observa cómo termina en conversaciones de culpa y reclamo. Lo mismo hacemos muchos de nosotros en mayor o menor medida, y somos muy ciegos de nosotros mismos. Hasta que no seamos curiosos de lo anterior y lo revelemos hacia nuestro yo, la capacidad de amar se frenará por una coraza invisible.

Ejercicio de conciencia 2

Cada noche haz un recuento de tus interacciones y piensa: hoy, cuando hablé, cuando actué, cuando me relacioné con mi pareja, ¿cómo estuve presente?, ¿con miedo, culpando a otros, a la defensiva, con dolor; hice juicios deseando cambiar al otro? ¿Existió un sentido de posibilidad, de curiosidad, de aprender, de ceder el paso y regresar al amor?

Convierte estos ejercicios en un hábito para sentirte cómodo y saber que puedes elegir la perspectiva que le quieras dar a la relación y que puedes elegir quedarte en un lugar de amor.

Mirianne Williamson dice: "Un milagro es un cambio de perspectiva". El fin es volvernos personas funcionales, nacidas del amor y que la experiencia que tengan las personas de nuestra presencia sea una que en la mayor medida nutra su ser. Cuando logramos trascender así, reconocemos la fuerza espiritual que tiene el ser humano y la grandiosidad que podemos crear, no sólo en nuestras relaciones humanas, sino también en nuestra experiencia de vida. Nos mueve de lo micro y la miopía de mis dramas, a lo macro, a una posición de contribución. La pregunta es: ¿estás dispuesto a comprometerte con tu grandeza?

Lo que requieren las relaciones hoy en día es que estemos abiertos a darle la bienvenida a lo que traen, y, según se presenten, abordar determinados aprendizajes. Entonces, las condiciones en que se orquesta la siguiente lección para nosotros se manifiesta con el objetivo de que nuestro ser continúe desenvolviendo capas más profundas en su desarrollo.

El reto es no olvidar esto mientras lo vivimos. Para lograrlo, es importante tener espacios de reflexión y contar con personas que nos apoyen y nos confronten para salir de nuestras historias que nos limitan; tener conversaciones con otros que disuelvan nuestros puntos de vista, para ver más allá de lo aparente.

Relaciones desde el espíritu

Si fuimos criados por padres que no hablaban de sus emociones, en vez de cultivar la comunicación, puede ser que hoy monitoreemos nuestras respuestas, eliminando las que provocan exposición emocional. Creemos que hablar acerca de cómo nos sentimos es signo de debilidad. Desconectarnos de nuestro interior provoca que perdamos la brújula de nuestro camino, pues nos alejamos de nuestra intuición, creatividad, sabiduría innata y espíritu. Si esto es algo que crees que vive en ti, realiza lo sigiente.

Ejercicio

Analiza qué piensas acerca de tu relación. Esto será fácil: seguramente te relacionas con tus conversaciones internas a nivel racional.

Busca dentro de ti, respira profundo y reflexiona: ¿cómo te sientes (fuera de tus conversaciones mentales) acerca de tu relación? Permítete ir más profundamente, después comparte lo que surja con tu pareja, para tener conversaciones genuinas y lograr una intimidad que permita un vínculo más fuerte entre ustedes.

Cuando intelectualizamos las relaciones y las vivimos desde la mente, y no desde el espíritu, nuestra tendencia es invitar al control, al poder, y tener esto como referencia de estabilidad. Lo anterior sucede por haber tomado como verdad el paradigma de que el mundo se divide en aquellos que ejercen poder y quienes no lo tienen. Estas jerarquías nos deshumanizan y nos desconectan de la suavidad y de lo espontáneo.

Explora si vives con la creencia: ¿tengo que estar en control de mis emociones?, ¿ser lógico, pragmático, y estar en lo correcto?, ¿siento que esto me da seguridad? Lo anterior nos convierte en personas rígidas; nos aleja de nuestra inocencia; nos hace inflexibles, nos separa de un fluir necesario para ser feliz.

Démonos la oportunidad de abrirnos a la posibilidad de que nuestras imperfecciones y nuestra vulnerabilidad sean nuestras herramientas más valiosas para triunfar en la conexión con los otros.

Somos seres independientes y a la vez interconectados. Pero unos y otros tenemos distintas personalidades, diversas formas de ver el mundo, diferentes ideas y gustos, etcétera. En *coaching* le llamamos *visión del mundo*; para cada persona la realidad aparece de diferente manera, y los demás no son una adición a nosotros. Por lo mismo, tenemos que dejar que cada quien sea su propia persona. Si no prestamos atención a esto, les robaremos el derecho de vivir su gran destino; terminaremos imponiendo una visión propia, reescribiendo el propósito espiritual de otros, según nuestros caprichos y nuestros valores.

¿Cómo vivo mi individualidad sin afectar a mi pareja? Tu individualidad, tu realización, tu éxito personal, tu desarrollo y tus amistades, son tu responsabilidad; son parte de tu vida y de la posibilidad de vivir plenamente. Esto no tiene nada que ver con tu pareja. Si mezclas estos temas, quizás coartes tu vida y culpes a tu compañero por sentirte incompleto. Regresa a ti; desarrolla un plan de acción que te enriquezca espiritualmente. Habla con tu pareja para que conozca tus necesidades pero también para que las de ella sean atendidas. Busca el equilibrio de manera constante.

Una trampa común que observo que desequilibra a las parejas es vivir en conversaciones como las siguientes:

—Le pido que cambie porque sé que es lo mejor para él/ella.
—No lo acepto como es, pues, si me hiciera caso, sería mejor persona/mejor mamá/mejor empresario, etcétera.
—Lo único que le pido que haga es… Pero no me hace caso.
—Él/ella debería cambiar; eso es lo mejor para la familia.

Si esto te suena familiar, pregúntate: ¿estás absolutamente seguro de que si la otra persona hace, dice, piensa o actúa como quieres, sería lo mejor para él/ella, o para ti? ¿Tú puedes saber qué necesita aprender con lo que vive ahora? ¿Sabes más que su destino? ¿Estás seguro de que si hace lo que quieres, encontrará la felicidad y los aprendizajes que necesita?

En realidad, semejantes posturas son justificaciones de nuestros ataques y nuestros juicios, adornados por nuestra superioridad. Lo honesto sería dejar a la otra persona en paz, respetar su camino y su manera de ser. Pongamos esa energía dirigida a que otros cambien, en el crecimiento propio.

Además, cuestiónate: cuando toda mi atención la pongo en el otro, ¿quién vive y atiende mi vida? En este tipo de dinámicas estoy presente en las fallas de los demás, pero me duermo ante las mías, descontándome de mi esencia y de la responsabilidad de mis proyectos, mis intereses y mi siguiente paso.

No me sorprende cuando no somos capaces de sintonizarnos con la esencia de nuestra pareja. ¿Cómo podríamos escucharla, cuando muchas veces ni siquiera nos escuchamos a nosotros mismos? ¿Cómo podremos sentir su espíritu y los latidos de su corazón, si vivimos alejados de los nuestros?

Queda claro que no es falta de amor la razón por la cual imponemos nuestra voluntad muchas más veces de lo necesario, restringiendo la vida de nuestro compañero. Más bien, proviene de una falta de conciencia. A nadie le gusta pensar que es inconsciente. Pero cuando permitimos nuestro despertar, replanteamos la dinámica que tenemos con la pareja. En *coaching* decimos que tenemos el poder de diseñar nuestras relaciones para que sean funcionales y amorosas y para que aparezcan en nuestra vida de la forma en que sean íntegras y honestas. Es decir, plantear: ¿qué quiero?, ¿cuánto tiempo deseo dedicarle a esta persona?, ¿qué tipo de encuentros quiero tener con ella?, ¿quiero que vivamos juntos, en la misma casa?, ¿o en la misma recámara?, ¿o sólo quiero viajar y salir? ¿Qué tipo de actividades y conversaciones estimularían esta relación? Este es nuestro poder: crear relaciones a la medida de lo que deseamos vivir.

La pareja paga un precio alto cuando nos relacionamos a partir de la confusión y la inconsciencia. Bloqueamos el poder de inventar una realidad apegada a nuestra alegría cuando sentimos la necesidad de responsabilizar a nuestro compañero por nuestras posturas irresueltas, por nuestras expectativas no cumplidas y nuestros sueños frustrados. A pesar de nuestras mejores intenciones, al no ser conscientes, esclavizamos al otro ante nuestros caprichos, anclando su desarrollo. La única manera de romper el ciclo de dolor es revelando lo real de cada situación, alejándonos de nuestras películas mentales.

¿Qué hay sobre las expectativas?

Las expectativas nos hablan de crear resultados preestablecidos en un futuro para nuestra satisfacción. Nos alejan del momento actual. Los intercambios con otros seres humanos ocurren en el presente. Trata, en la mayor medida posible, de vivir el hoy con tu pareja; honren sus acuerdos y suelten las expectativas que condicionan su relación.

Una de las grandes tareas es ser la persona más despierta y presente que podamos ser a cada momento. Lo anterior lo lograremos si nos cuestionamos de manera constante si estamos amando o necesitando.

Pregúntate: ¿existirá una interpretación distinta para esta situación o esta persona más allá de mi punto de vista? Busca a alguien que admires por su manera de ser; alguien que consideres que tiene una fuerza emocional atractiva y dile: "Estoy viviendo esto... Yo lo interpreto así... ¿Si estuvieras en una situación similar, cómo lo interpretarías?" Te llevarás una gran sorpresa cuando salgas al mundo deseando aprender a relacionarte con la vida con interpretaciones sanas y alineadas a la paz, en vez de salir buscando a personas que te den la razón y refuercen tu drama.

Nuestra habilidad para aceptar a una pareja se liga directamente con la capacidad de aceptarnos a nosotros mismos, de estar alertas del potencial que tenemos para desarrollar. Después de todo, ¿cómo esperar que nuestra pareja sea evolucionada si nosotros no lo somos? ¿Cómo no responsabilizar a otro de nuestra felicidad?

Nadie tiene el poder de hacerte feliz, aunque así lo desearan. Nuestra felicidad ya es nuestra; lo que la brinda o la retira son los pensamientos que tenemos ante lo que vivimos.

A través del otro me conozco

Dejamos nuestra felicidad a un lado cuando nos defendemos. Este es el primer acto de guerra. El otro puede atacar, decir o comportarse de cierta manera, pero mientras no sintamos la necesidad de defensa, no se construye un conflicto. Por ejemplo, si te dicen dominante, injusto, cruel, responde: "Gracias, puedo ver todo esto en mí; he sido lo que has dicho, y más, porque sinceramente puedo encontrar que he sido muchas cosas pero ¿por qué tendríamos que resistirnos si podemos entrar en nosotros a explorar? Dime todo lo que ves. Tal vez me ayudes a aclarar mi manera de actuar; me entenderé mejor. A través de ti me conozco a mí. Sin ti, ¿cómo puedo conocer mis partes crueles, injustas, malas e invisibles? Mírame a los ojos; dime nuevamente lo que piensas. Quiero que me lo digas todo." Así es como se conocen los amigos. Se llama integridad. Soy todo. Si me ves como una persona cruel, esa es una oportunidad para el autoconocimiento. "¿He sido cruel alguna vez? ¿He actuado injustamente?" Si estás ciego ante estas cosas, tu pareja puede ayudarte: "¿Qué parte de mi ser me rehúso a ver? Si mi primer impulso es defenderme, entonces he encontrado algo en qué trabajar".

Mi obligación es conocerme; salir de la oscuridad, de la inconsciencia de mi actuar, al reconocer que los seres humanos en gran medida somos ciegos ante nuestro actuar. Al cambiar nuestra energía, las personas que nos rodean cambian. Estamos conectados energéticamente. Nuestra inteligencia espiritual sabe la verdad de quiénes somos.

Todos estamos en el baile de la sanación. Es necesario abandonar la idea de ser víctimas, ya que en esta postura le damos el poder a otros. Sanar el arquetipo de la víctima es el siguiente gran paso a dar como seres humanos, a nivel individual y colectivo.

Mientras no me vea en todos los seres humanos no he disuelto la separación.

Esta semana da un paso atrás, observa y suaviza tus posturas. Permítete vivir en una posición en la que nadie tiene que cambiar nada para que tú seas feliz.

Capítulo 3

La pareja, ¿una maestra para aprender a amar?

Tu pareja, ¿es sabia? Nos daremos cuenta de esto una vez que hayamos abordado las relaciones desde las posturas aprendidas en los capítulos anteriores: poniendo atención a nuestros pensamientos, creencias y condicionamientos con los que nos hemos relacionado con otros (ya sea que vivan, hayan muerto o estén separados).

No existe error en la persona con la que estás o has estado. Él o ella seguramente revelaron importantes lecciones adecuadas para ti, sin importar si la relación fue funcional. Por lo tanto, nos damos cuenta de que si la relación termina, y aprendimos algo, fue un éxito; si no aprendimos, probablemente no vivimos el propósito que ésta traía. Lo cual implica que terminar una relación nunca es un fracaso; más bien significa trascender un aprendizaje importante.

Las personas van a India a buscar un gurú. No tienen que ir tan lejos para encontrarlo. Vivimos con él. Tu pareja te regalará todo lo que necesitas para liberarte, para volver al amor.

Atraemos gente que nos confronta con nuestro dolor. Esto se atribuye a la Ley de Resonancia, la cual sugiere que si, por ejemplo, el problema es que no nos sentimos suficientes, tenderemos a relacionarnos con parejas que nos rechazan o no se comprometen con nosotros.

Entonces probablemente nos preguntamos: ¿por qué existe miedo al compromiso? La manera como nos comprometíamos como parejas hace unos años se ha transformado en años recientes y no tiene que ver con nuestro valor como personas. Las premisas por las que ahora tenemos pareja ya no se apegan a estándares sociales preestablecidos tiempo atrás. Lo que hoy llamamos *compromiso* debe ser un acuerdo genuino entre dos personas, uno que represente lo que ambos quieren experimentar en la relación. Desde el inicio, sean claros para que el compromiso esté suficientemente discutido y puedan construir su relación a partir de sus acuerdos. Recuerden que los compromisos y los acuerdos deben replantearse constantemente: una relación es una organización viva que está en constante transformación, así que lo que funcionaba hace unos meses a lo mejor debe modificarse. Que sea un hábito hablar y cumplir lo pactado.

Al revelar lo dicho, nos damos cuenta de que nadie nos rechaza más que nuestros propios pensamientos. La vida siempre nos unirá con gente y actuará partes de nuestra historia, una y otra vez, hasta que nos demos cuenta de que no es cierta.

La serenidad es una puerta abierta que vive en el presente. Enamórate de lo que vivas a cada momento. Vivir conscientes de que el amor siempre está disponible para compartir nos evita buscar fallas y criticar. Nos permite rendirnos a lo que nos da la vida.

¿Puede ser que algo que juzgas como malo exista dentro de otra luz con más claridad como algo positivo? En realidad, todo se encuentra más allá de nuestra capacidad de juicio, y es nuestra manera de vivirlo lo que hace el contrapeso. Amar, entonces, se vuelve nuestro gran encuentro; soltar, entregarnos y gozar de la complicidad que logramos con otro ser humano.

Es importante saber que nuestra mente ha sido educada para clasificar, lo cual la limita. Muchos vivimos recreando historias de manera obsesiva. Amanecemos y comienza la historia acerca de mí (yo, la esposa, la pareja, la exitosa, el fracasado, el rico, el pobre, la víctima, la amiga de…, el inadecuado, etcétera).

Construyes una película mental en la que el principal protagonista eres tú. Tus historias recrean esa identidad apegada al ego y a los roles preestablecidos por memorias y lo que has definido acerca de ti. Esto, además de ser agotador, no hace justicia a nadie. La pareja entra en un rol creado por nuestro discurso mental, dejando de relacionarnos con la persona. De tal manera, su espíritu muere, porque mis interacciones surgen a través de la historia que he elaborado.

¿Dónde quedó el propósito de amar a la otra persona?

Para mí, amar tiene que ver con el silencio, con la presencia, con confiar, con sentir apertura, con tener la mente en silencio y el corazón activo. Amar se relaciona con sorprendernos al conocer cada día a la persona amada. Es caminar de la mano con la vista de frente, cada quien con su destino; unidos por un sentimiento de ternura y de gratitud. Amar es conquistar lo sagrado, despertar a la dimensión más profunda que hay en lo maravilloso de vivir.

Para ti, ¿qué significa amar?

Un escucha verdadero

Son impresionantes los regalos que otras personas nos pueden dar cuando los dejamos hablar y los escuchamos sin interrupción; cuando salimos de nuestras miopías, cargadas de drama y significativamente limitantes. Puede ser que cuando pensamos que finalmente conocíamos a una persona, sólo estábamos reforzando lo que creíamos de ella. Déjate sorprender. Además, cuando realmente escuchas, la mayoría de las veces los problemas desaparecen.

Por ejemplo, un día una amiga me dijo que parecía que su esposo siempre estaba enojado con ella. Después de unos días, ella, sin ninguna interrupción, escuchó y dejó que su esposo le dijera todo lo que tenía adentro. Se sorprendió cuando él le transmitió lo mucho que disfrutaba estar con ella.

Es notable lo que escuchamos al bajar la guardia, al soltar las posturas y generar una nueva comunicación.

Nuestro entendimiento de los demás se edifica gracias a la adicción que tenemos por lo que creemos saber. Así, cuando realmente escuchamos, es muy fácil ver que la otra persona no era quien creíamos que era. Lo emocionante es que la mayoría de las veces conocemos a alguien mucho más sabio y cariñoso de lo que esperábamos. Nos convertimos en un verdadero escucha, en una persona abierta y auténtica, vulnerable, sin la necesidad de interrumpir con nuestra opinión, lo cual permite que la energía del amor y la aceptación nos encuentre en la conversación. Tal vez nos demos cuenta de que también somos más cariñosos y más sabios de lo que pensábamos. Es fácil seguir interesado en alguien cuando no nos deja de sorprender, cuando nos demuestra que tiene mucho qué ofrecer.

Puede ser que al principio te cueste trabajo o te sientas desorientado cuando escuches literalmente. La identidad que tenías de los demás y la tuya se desmoronan. Dejarás de ser la persona que estaba en su propio mundo, mientras alguien más hablaba, o la persona que esperaba el momento perfecto para impresionar o aparecer en la conversación. Esta necesidad es el obstáculo para conocer realmente a los demás. Cuando escuchas generosamente, la persona que no sabías que eras conoce a una persona que no tenías idea de que encontrarías.

No hay ninguna historia que te acerque a ti o a otros. Cada historia que decides creer te aleja, te separa y te aísla de la gente a quien deseas amar. Eres lo que existe antes de cualquier historia.

Recuerda:

- Nuestro estado de ser constante es la gratitud.
- Cuando vives con gratitud vuelves a casa.
- Tu realidad es quien eres; es un espejo de ti.
- Cuando reconoces que los pensamientos pueden no ser reales, eres iluminado ante ellos.
- Cuando reaccionas con base en un pensamiento no verdadero, atacas desde el mundo de tu imaginación.
- Tu mente da significado sobre significado (interpretaciones) a todo lo que percibes.

Aprende a cuestionar lo que piensas, crees y juzgas de otros con el objetivo de encontrar libertad y revelación.

Byron Katie: el trabajo

Existe un método muy efectivo para cuestionar pensamientos y creencias que, desde mi opinión, ha sido muy efectivo para determinar qué es cierto, qué se alinea con lo que quiero vivir y me ayuda a ponerme en una posición de crecimiento y amor frente a mi pareja. Me refiero a las cuatro preguntas de Byron Katie (escritora del libro *Amar lo que es*). Se pueden poner a prueba ante cualquier pensamiento o creencia. Te invito a que hoy cuestiones acerca de lo que te roba paz con tu pareja y te aleja del amor. Una vez que hayamos evaluado esto, lo importante será mantener creencias sanas, actuar con congruencia y amor. Es fundamental aprender este método que, aunque aparenta ser sencillo, puede cambiar radicalmente la manera en que experimentas tu vida y a las personas a tu alrededor.

Cuando ponemos a prueba cualquier pensamiento o creencia frente a estas cuatro preguntas, casi nadie sobrevive. Así, nos damos cuenta de qué manera vivimos prisioneros de las falsas aseveraciones.

Te invito a que cuestiones algún pensamiento que te robe la paz con las siguientes preguntas básicas (usaremos este pensamiento como ejemplo; después explicaré el desarrollo).

Digamos que el pensamiento que hoy te tiene triste en tu relación es éste: “Estoy triste porque mi pareja no me pone atención; eso quiere decir que no me ama”.

Pregunta: 1. ¿Es verdad?

Respuesta: Yo creo que sí.

Pregunta 2. ¿Puedes estar absolutamente seguro de que es verdad?
Respuesta: No.
Pregunta 3: ¿Cómo reaccionas cuando crees que el pensamiento es verdadero?
Respuesta: Triste, inseguro, reactivo, obsesivo.
Pregunta 4. ¿Quién serías sin ese pensamiento?
Respuesta: Feliz, libre, mucho más seguro.

¿Cómo le darías la vuelta al pensamiento para regresar a tu poder y a uno que sea más cierto para ti? Ejemplo:

1. *Yo debo* darme atención y amarme.
2. *Mis pensamientos* deben amarme y poner atención a sus diálogos.
3. *Yo* debería poner atención a mi pareja y amarla.

"Sólo se necesita que una persona tenga claridad para tener una buena relación", sentencia Byron Katie.

Usando el ejemplo anterior, te invito a que explores con detalle el desarrollo. La mayoría de las personas creemos que nuestros pensamientos representan la verdad; sin embargo, al ponerlos a prueba con estas preguntas, caemos en la cuenta de lo confundidos que hemos vivido y de cómo esto ha cobrado impuestos en nuestras relaciones. El primer paso al despertar espiritualmente es tener la humildad de reconocer que aquello que pensamos, en su gran mayoría, no es cierto.

Proceso:

1. ¿Esto es verdad? (si la respuesta es no, continúa con la pregunta 3).
2. ¿Estás absolutamente seguro de que es verdad?
3. ¿Cómo reaccionas cuando crees ese pensamiento?
4. ¿Quién serías sin este pensamiento?

Dale la vuelta a este pensamiento.

Busca tres ejemplos acerca de cómo el opuesto es igual o más verdadero en tu vida. ¿Puedes encontrar otras vueltas? ¿De qué maneras son estas vueltas verdaderas en tu vida? Da ejemplos.

Desarrollo:

1. ¿Es verdad? (cierra los ojos, mantente tranquilo, ve hacia lo profundo al contemplar la respuesta; si tu respuesta es no, continúa con la pregunta 3.
2. ¿Estás absolutamente seguro de que es verdad? ¿Puedes saber más que Dios, más que la realidad (somos dictadores de la vida)? ¿Puedes saber que eso es lo mejor para ella/él, a la larga, para su propio camino? ¿Puedes estar cien por ciento seguro de que si consiguieras lo que quieres estarías feliz?
3. ¿Cómo reaccionas cuando tienes ese pensamiento? ¿Dónde se manifiesta el pensamiento? ¿En qué parte de tu cuerpo tienes alguna sensación cuando crees dicho pensamiento? ¿Qué tan lejos se va el pensamiento? Descríbelo. Qué visualizas cuando te detienes en dicho pensamiento? Descríbelo. ¿Cuándo se te ocurrió por primera vez ese pensamiento? ¿Cómo

tratas a otros cuando crees en tu pensamiento? ¿Qué les dices? ¿Qué haces? ¿A quién ataca tu mente y cómo? Sé específico. ¿Cómo te tratas a ti mismo cuando crees ese pensamiento? ¿Se presenta alguna adicción? ¿Buscas comida? ¿Alcohol? ¿Compras? ¿Televisión?... ¿Te criticas y te minimizas? ¿Cuáles son los pensamientos que tienes de ti cuando te sientes así? ¿Cómo has vivido gracias a que has creído este pensamiento? Sé específico. Cierra los ojos y observa tu pasado: ¿este pensamiento trae estrés o paz a tu vida? ¿A dónde va tu mente cuando crees ese pensamiento? Escribe qué creencia acompaña este pensamiento. ¿Estás en tu ámbito cuando te mantienes en ese pensamiento? ¿Qué ganas al poseer y actuar con base en ese pensamiento? ¿Puedes pensar en una razón de paz por la cual quieras conservar ese pensamiento? ¿Qué cosa tan terrible podría pasar si no creyeras en ese pensamiento? Escribe ese terrible pensamiento. Voltéalo hacia ti, ¿es cierto?

4. ¿Quién serías sin este pensamiento? ¿Vivirías diferente si no creyeras en este pensamiento? Cierra los ojos e imagina tu vida sin él. Imagina que conoces a esta persona por primera vez sin ninguna historia. ¿Qué ves? ¿Quién eres ahora sin este pensamiento? Voltea el pensamiento. Otro ejemplo de voltear el juicio es el siguiente: "Estoy enojado con mi esposo porque no me entiende" a "Estoy enojada conmigo misma porque no me entiendo". ¿Es tan cierto o más cierto? ¿Podría ser que no me entiendo? ¿Podría ser que mi esposo no me entiende porque yo tampoco entiendo muchas veces como actúo? Si vivieras dándole la vuelta a este pensamiento, ¿cómo serías? ¿Qué

harías? ¿Cómo vivirías tu vida diferente? ¿Ves otras maneras de darle la vuelta al pensamiento que sean más ciertas?

Una estudiante me pregunta: ¿qué hago si mi pareja tiene mal carácter y vive constantemente de mal humor?

Si ésta es la manera en que percibes a tu pareja, hay tres rutas:

1. Cambiar tus pensamientos para que lo que haga tu compañero no te afecte, pues a él no lo podemos cambiar.
2. Terminar la relación porque ya no funciona para ti.
3. Examinar cómo se relaciona esto contigo (lo que te choca te checa).

Amor y aprobación del exterior

Es importante recalcar que los pensamientos que no nos cuestionamos son los que inician nuestra búsqueda por amor y aprobación. No es raro que después de conquistar a alguien y sentir paz por una temporada, emerjan sentimientos de negatividad nuevamente. Esto sucede porque no hemos cuestionado lo que realmente deseamos del amor. No sabemos qué cuestionar, qué creer y qué no creer. No reconocemos que simplemente podemos amar sin poner etiquetas y garantías y que nuestra cultura nos impulsa de manera compulsiva a buscar en otros reconocimiento y aceptación para sentirnos completos.

La raíz de esto es el miedo, razón por la cual hablamos o actuamos para complacer, influenciar o controlar. El resultado es el dolor.

La manipulación significa separación, que causa descontento interior. ¿Puede ser que la otra persona te ame en ese momento, pero no te des cuenta? Si actúas con miedo no hay manera de recibir amor ni de percibirlo. Estás envuelto en pensamientos que indican que tienes que hacer algo o ser alguien en específico para merecer amor. Cada pensamiento estresante te aleja de otros.

Una vez cuestionados tus pensamientos, descubrirás que no tienes que hacer nada para sentirte amado. Todo era un inocente malentendido. Cuando quieres impresionar a alguien y ganar su aprobación, eres como un niño chiquito que dice: "Mírame, mírame". Cuando amas y aceptas a ese niño que llevas dentro, la búsqueda termina, la paz gobierna y la autenticidad de quiénes somos resalta como algo natural.

¿Cómo puedes saber si una relación es buena o mala? Cuando te colocas fuera de la sincronización con el bienestar, lo sabes: no te sientes contento. Si la relación es menos que buena, debes cuestionar tus pensamientos. Es tu responsabilidad encontrar el camino hacia una relación contigo mismo y con tu pareja que tenga sentido para ti. Cuando tienes una buena relación contigo mismo, tu pareja constituye una felicidad adicional.

¿Qué hacer y qué evitar en una relación de pareja?

¿Qué hacer? Cobra el cien por ciento de tu responsabilidad por tus actos, palabras, acciones y reacciones. Ama y da con base en tu poder y tu autenticidad.

¿Qué no hacer? Culpar, atacar, criticar, ofender, faltar al respeto, usar al otro como pretexto para no alcanzar tus metas y lograr lo que para ti es importante.

A veces, en las sesiones de *coaching*, me preguntan: "Cómo *hago* para que él cambie; para que él haga; para que él diga". No tenemos poder ni decir en el ámbito de otros. Lo que tenemos es el uso de nuestra comunicación efectiva: ser directos, pedir y crear acuerdos.

Ese "¿cómo le hago?" proviene del control, del miedo. He hablado de los ámbitos en otros de mis libros, y entender el concepto de Byron Katie nos da claridad para reconocer cuándo nos metemos en territorios en los que no tenemos decisión. Los tres ámbitos son: el tuyo, el de otros y el de la realidad.

- Tu ámbito representa absolutamente todo lo que tiene que ver contigo. Ahí mandas tú. Tienes poder; pones tus reglas. En este lugar tus creencias y tus pensamientos son legítimos y válidos para ti.
- El ámbito de Dios = Realidad. Aquí suceden los temblores, las enfermedades, las muertes, etcétera.
- El ámbito del otro abarca a todos los seres humanos, incluyendo a tu pareja. En este espacio no tenemos decir; ellos mandan en lo que hacen, dicen, piensan y planean.

El reto en la vida es quedarte en tu ámbito, vivir la vida a partir ti; no vivir en el ámbito de otro para juzgarlo, sin respetar sus ideas, sus creencias, sus comportamientos y sus acciones.

Suena sencillo, pero constantemente brincamos al ámbito que no nos pertenece. Reconocemos que estamos en ámbitos de otros cuando sufrimos y perdemos el poder en nuestra vida.

Las oraciones que indican que estás en otro ámbito comienzan con:

- Él debería...
- Ella no debería...
- Esto no debería haber pasado.

En el ámbito de la pareja no tenemos poder, no mandamos y no tenemos decir. La característica de vivir en el ámbito de ellos implica pensar que nuestras creencias y nuestros pensamientos deben ser impuestos. Partimos de la idea de que podemos modificar a los demás; opinamos cómo deberían vivir sus vidas. Por muy razonables que sean nuestras ideas, son *nuestras*, y entrar a la vida del otro para corregirlo sólo es una ilusión que nos lleva al sufrimiento.

En el ámbito de la realidad sucede todo lo que está fuera de nuestras manos, como podría ser un temblor, una enfermedad, una muerte o la manera de ser de alguien. Pelear con la realidad o con Dios es algo que hacemos de manera constante: no admitimos los hechos como son; podemos pasar la vida sufriendo por no aceptar una muerte, una enfermedad o el comportamiento de alguien querido.

Cuando sufras por algo que tu pareja hace o dice, pregúntate en el ámbito de quién estás, regresa al tuyo y, por lo tanto, a tu poder. Desde ahí usa tu lenguaje para diseñar lo que deseas.

Por ejemplo: "Mi esposo no debería gritar. Si la realidad es que él grita, este pensamiento me pone en guerra con él. No se puede controlar lo que otro hace o deja de hacer. Es su ámbito. No porque yo exija que alguien sea diferente significa que va a cambiar. Sólo cambiará si lo desea. A lo mejor siento que tengo la razón. Desde un punto de vista social y moral entiendo que justifico mi ataque porque otros también me refuerzan la creencia de que está mal que grite; pero, aun así, eso no cambia la realidad. Él grita. Yo sufro porque siento que mi poder es nulo. Él grita. Yo le pido que no lo haga, pero él no cambia."

Sufrimos porque en el ámbito de otros no tenemos control ni poder. Debemos aprender que en un caso así o similar nuestras opciones son tres:

1. Hacer una petición para que él hable de manera diferente. Debes estar consciente de que puede decir sí, no o negociar. Si su respuesta es no y constatamos que no cambia, tenemos las siguientes opciones.
2. Cambiar lo que pienso acerca de que grite para que yo ya no esté en guerra; aceptar la realidad y volver a un espacio de amor en mí.
3. Poner límites. Si lo que es honesto para mí es no vivir con alguien que grita, es preciso tomar la decisión de alejarme de la relación para ser congruente con lo que quiero vivir.

Depender de otro

Observo que muchas chicas jóvenes invierten mucha energía en relaciones que no valen la pena. El planeta hoy está afrontando grandes retos. Si no cobramos conciencia de hacer cambios importantes en nuestro comportamiento y en nuestras acciones la vida humana como la conocemos la vamos a exterminar. Estamos acabando rápidamente con los recursos naturales y nos movemos rápidamente a un mundo cada vez más tecnológico, saturado de intereses económicos y menos conexión con la naturaleza y el amor. Es labor de las mujeres levantar la mirada, sanar el ego y contribuir con nuestra energía femenina, que es la espereza para nuestra especie. Lo que la mujer consciente aporta al planeta es invaluable: compasión, intuición, sabiduría, creatividad y, sobre todo, un nuevo enfoque a soluciones integrales.

Por lo tanto, es importantísimo identificar en nosotros el amor romántico de las telenovelas en nuestro actuar. Ésta nos activa la historia acerca de cómo necesitamos a otra persona para sentirnos adecuados. Es una narrativa enferma en la que invertimos mucha energía cargada de inmadurez, en la que desperdiciamos talento, valor propio, tiempo e ingenio. Mi experiencia ahora es que no requerimos a nadie que nos complemente. Al darnos cuenta de esto, todos lo hacen, y mi comportamiento cobra un equilibrio importante.

Estar en la constante búsqueda de aprobación provoca que actúes la vida y no que la vivas. Invitamos a pensamientos como los siguientes: "Me rechazará cuando se dé cuenta de quién soy realmente" y "No puedo ser feliz sin que alguien me reconozca", los cuales se vuelven un virus colectivo pues están presentes en muchos de nosotros y afectan nuestro comportamiento social en muchas áreas de nuestra vida, y no sólo con nuestra pareja.

Las relaciones construidas sobre cimientos tambaleantes, como las de nuestras creencias no cuestionadas, jamás florecen. Por lo tanto, es imprescindible que valoremos que existe otra manera de relacionarnos, la cual da claridad y bienestar a nuestras interacciones.

Una forma de saber si tienes sed de aprobación de los demás es estar consciente de tu diálogo interno.

Reflexiona: después de tener una conversación con alguien, ¿cuestionas qué impresión se llevó de ti? ¿Piensas en los momentos buenos y malos, en que debiste haber dicho o hecho algo diferente? ¿Te quedas inseguro después de tus encuentros?

Algunos ejemplos de pensamientos que la mayoría tenemos son los siguientes: "¿Qué pensará de mí?" "¿Creerá que soy interesante" "¿Le gustaré?" "¿Ya no me quiere?" "¿Le importo?" "Si me conociera realmente, ¿ya no me querría?" "Seguramente encontró alguien mejor que yo".

Cuando estos pensamientos nos asaltan y los vivimos como una realidad, nos relacionamos a partir de una carencia infantil. Lo que queremos es asegurar la aceptación de la otra persona, situación que termina por manipular la relación.

Ejercicio

Recuerda un momento en el que hayas sentido lo siguiente (responde y anota las respuestas):

- ¿Qué querías de la otra persona? Haz una lista.
- ¿Cómo intentaste modificar la manera en que esa persona te percibió?
- Específicamente, ¿cómo querías que esa persona te viera?
- ¿Mentiste o exageraste? Escribe algunos ejemplos.
- ¿Qué dijiste? Sé específico.

- ¿Realmente estabas escuchando lo que la otra persona decía o mantenías tu concentración en qué tan interesante, atractivo e inteligente eras percibido?
- ¿Qué sientes al buscar amor y aprobación de los demás?
- ¿Qué provoca en tu vida dejar de buscar amor y aprobación?
- ¿Qué sería más auténtico para ti hoy?
- ¿Quién serías sin el pensamiento: "Necesito ser aceptado y querido"?

La mayoría de nosotros cargamos con el estrés que provoca caer bien a los demás y tener la necesidad de que nos vean de cierta manera. Muchos operamos con el pensamiento: "Si soy más... voy a encontrar el amor".

Cuando operamos bajo esta premisa, nos parece natural realizar algunos cambios (modificar la apariencia o la personalidad) hasta encontrar la combinación perfecta para ser atractivos (a veces cambiamos nuestro físico, el peinado, seguimos una dieta, modificamos nuestra manera de caminar o las expresiones físicas). Nos domesticamos con el fin de pertenecer.

Buscar señales para verificar que tenemos éxito en nuestros esfuerzos de "ser mejores" es una de las características que se desarrollan cuando se adopta una personalidad diseñada para complacer a los demás y nos perdemos de nuestro llamado espiritual: nos desconectamos de nosotros mismos. Estar preocupados constantemente por el exterior provoca que la energía se vaya en descifrar lo que otros piensan de nosotros. Enfocarnos ansiosamente en la otra persona hace que no vivamos en nuestro cuerpo y en nuestra mente. De esta manera, no existe nadie que cuestione nuestros pensamientos o se responsabilice de los sentimientos propios. La capacidad de vivir con calidad, despiertos ante la vida, se desvanece. Esto nos limita de la fuente de satisfacción real. Y mientras más lo hacemos, más nos alejamos de la posibilidad de nutrir el alma. Además, dicha transformación produce pensamientos dolorosos, como: "No soy suficiente" y "Algo está mal conmigo". Éstos viven dentro de nosotros de manera constante y son propulsores de la construcción del propio ego y del desamor: "Creí que lo había convencido de que era inteligente, interesante, bien informada, culta, etcétera. Desde el primero hasta el último día de nuestra relación dediqué toda mi energía a leer su mente para ser la persona ideal que él buscaba. De pronto, terminó la relación. Me dijo que estaba buscando a alguien menos intensa, más simple y más abierta. Al principio mi ego y mi orgullo se hicieron pedazos. Después entendí que tal vez, si hubiera sido yo y no hubiera tratado de ser algo que no soy, hubiéramos tenido la oportunidad de disfrutarnos como compañeros; la relación hubiera tenido una oportunidad real..."

¿Qué retos identificas en tu relación de pareja? Mientras le pongas títulos a la relación, ellos también vienen con expectativas. Medita y ve a la persona amada sin etiquetas; obsérvala sólo como a una persona cercana que te acompaña de manera íntima por la vida. Reconoce de qué manera la idea de la pareja tiene una concepción social en ti que te aleja del amor.

Habla hoy con tu pareja acerca del amor, de qué significa realmente el hecho de que estén juntos, e inviten a la diversión a su vida para que la alegría de su espíritu los una.

¡Me gusta la idea de que una pareja es tu mejor amiga con esteroides, potenciada! ¿Esta gran amistad está presente en tu relación?

Capítulo 4

Autojustificación. El arte de equivocarte

Cometer errores es un arte

Existen grandes contradicciones en relación con este tema, pero ¿qué es realmente un error?, ¿frente a quién?, ¿qué interpretación le das?

Un error se entiende como la interpretación social o moral acerca de cómo debería ser un resultado para lograr un triunfo en el exterior. En *coaching* entendemos que esto es relativo. A veces una creencia o un pensamiento que no es verdadero, que no se apega a la realidad, pero que en su momento no lo vemos, nos invita a actuar de determinada manera después de lo cual reconocemos que nuestros actos tuvieron ciertas consecuencias que no deseábamos, pero muchos, para justificar que actuamos en lo correcto, distorsionamos la percepción de nuestras vivencias.

A esto le llamamos autoengaño, el cual propicia comportamientos que a la larga reconocemos que no se apegaban a la realidad, que dañaron una relación o que nos alejaron de nuestra integridad ética, e inclusive, que procedimos en contra de nuestro propio bienestar. Algún día nos topamos con los hechos, con las consecuencias y entonces se desvanece la nube ilusoria que empañó nuestro actuar; lo que sigue es trabajar para ser conscientes de que todos podemos caer en estas confusiones. Las voces interiores pueden parecer la verdad, mas reaccionar a los mandatos de esta narrativa puede causar estragos en los resultados de nuestra vida.

La autojustificación de nuestros actos es muy común; es un mecanismo de defensa con el que vive el ser humano. Comienza cuando sembramos una semilla dentro de nosotros que indica que estamos en lo correcto. Sin darnos cuenta, poco a poco, nos metemos en la historia y en el engaño que nos hace creer que lo que hacemos se justifica, es válido.

Por ejemplo, si en una relación de pareja tenemos otra relación simultánea, y reconocemos que no es la opción adecuada porque no está en nuestros acuerdos con nuestro compañero, buscamos evidencias para convencernos de que en esta situación en particular es válido hacerlo. Nos acompañan pensamientos como los siguientes: "Mi relación principal no me satisface", "Mi pareja ya lo ha hecho en el pasado", "No me pone atención", "No me siento deseado", "No me apoya en mis sueños", etcétera. En otras palabras, justificamos lo que hacemos. Encontramos razones que respaldan nuestra postura y, cuando menos nos dimos cuenta, ya estamos en el seno de una situación confusa, y culpamos a nuestra pareja proyectando así nuestro sentir.

El primer paso es reconocer que, poco a poquito, la autojustificación nos permea. De forma inconsciente la practicamos en el día a día, en muchos de nuestros compromisos y nuestras decisiones. Nadie tiene claridad todo el tiempo (el blanco y negro no existe, vivimos en una gama de grises). Lo valioso es distinguir que todos cometemos errores una y otra vez; sin embargo, debe quedarnos claro que somos responsables de la manera como nos relacionamos con ellos y cómo les hacemos frente y si reflexionamos antes de actuar.

Nos corresponde la introspección; volvernos observadores de un trabajo íntimo y personal para revelar lo que realmente nos sucede. Debemos darnos cuenta de que estamos de la mano de nuestra integridad y de nuestra verdad personal.

Vivir en la verdad

Es importante saber que cuando estamos en nuestra verdad espiritual, nos sentimos libres, claros y con fuerza. En cambio, cuando nos hallamos en una distorsión, nos rige la confusión, el ataque, el miedo y la culpa.

Ten presente que las palabras bonitas no siempre son verdaderas, ni que los argumentos complicados y poderosos necesariamente contienen la verdad. La verdad es simple; se vuelve evidente cuando vivimos con la mente clara.

Sin nada qué ocultar, los ojos abiertos, te miran de frente, con amor. Si las palabras no esconden nada, las acciones hablan de quiénes somos. Nada obstruye la verdad, y nadie la posee. La verdad está; la verdad nos libera de cualquier sufrimiento. Es más sencilla que cualquier cuento que hagamos sobre ella; la verdad nos llena de luz; hace pacífica nuestra vida; la verdad no es una regla moral ni social. Tiene que ver con la armonía total, con el amor incondicional, con ser fiel a las grandes virtudes del ser.

> El sabio deja ir todo; sabe que nada le pertenece. Comparte sin apego lo que da, lo cual sale directamente de su corazón, pues vive en completa abundancia. Su experiencia se traduce en una profunda serenidad. Su paz es contagiosa.

Se habla de un algo basado en la verdad, en el sentido común, no en cuestiones morales, sociales ni intereses personales. Verdad ecológica que vuelve al ser cien por ciento responsable de recurrir a todos los campos de acción. Te regresa a un contexto de maestría en tu vida, al lugar que te regalas después de haber cuestionado las posturas que te alejaban de lo que es real.

Vivir en la verdad es un propósito que exige, ante todo, una acción comprometida que nos acerque al objetivo que queremos alcanzar en nuestras relaciones. Piensa a qué te quieres comprometer: al amor, a la paz, a la armonía. Eso se convertirá en tu verdad. Trabaja con disciplina para remover la falsedad de tu mente. La vida nunca será perfecta. Ahí no radica la felicidad de nadie, sino en reconocer que en lo imperfecto podemos adaptarnos para ser fieles a nuestro propósito de cómo queremos vivir. Lo exterior no debe regir tu bienestar espiritual; sólo tú tienes el poder de hacerlo.

Debemos responsabilizarnos de nuestra propia vida: cambiar lo que no nos gusta; no desperdiciar el tiempo y la energía en emociones negativas o en victimizarnos. Lo anterior se refleja en una coherencia con quienes somos, con lo que creemos y con estar presentes en todo momento. Cuando vivimos alineados fluimos con la vida desde lo mejor de nosotros mismos.

Para vivir así hay que conocerse. En el budismo se dice que todo lo que debemos saber es lo que somos, cómo existimos. No se necesita creer en nada, sino comprender cómo funcionan el apego y el deseo, de dónde surge la ignorancia y cómo operan en nosotros las emociones.

Una persona que vive en su verdad escucha su intuición. Tiene un fuerte sentido ético. Aprecia la ética del deber. Valora su contribución hacia el mundo en el que vive. Practica la obediencia a las normas sociales, pero sin caer en la sumisión. Junto con la obediencia, manifiesta un fuerte sentido de responsabilidad para cambiar lo que no es justo y es incorrecto; existe una convicción profunda de que uno no puede permanecer pasivo si quienes nos rodean no están bien.

Este tipo de personas viven fundamentalmente en paz, pero eso no significa que sean impasibles. Poseen un sentido de la táctica para hacer que las cosas se alineen. No son personas que esperan a que las cosas sucedan. Cultivan en ellos lo que quieren que sea el mundo. Honran la verdad; se apartan de la exageración y la mentira; renuncian a los juicios, a los elogios y a los reproches por igual. Buscan estar en contacto consigo mismos. No temen fracasar ni esperan tener todas las condiciones a su favor. Actúan sin más seguridad que la que van consiguiendo a golpe de coraje y de asumir riesgos. No imponen, no dominan ni controlan; actúan sin buscar glorificarse. Están alertas. Son consistentes y perseverantes.

Ejercicio

Toma tiempo para escucharte. Vuélvete atento a la voz que sale de tu corazón; ésta es tu gran guía, tu maestra; siempre te conducirá a la verdad. Lo lograrás mediante el acto de encontrar silencio en tu vida. Ahí están tus respuestas. Aíslate, medita, contempla, reflexiona. Crea espacios en los que puedas ir hacia dentro de ti para reconocer que la vida y tu espíritu te hablan constantemente, pues a veces vivimos con tanto ruido que nos perdemos.

Vive los hechos, claros y sencillos. Así, encontrarás libertad de tus historias e interpretaciones. Te perderás, pero regresa a lo que es, a lo que fue, sin cuentos, sin lamentos; vuelve a tu poder, a la neutralidad, a la simplicidad. Ahí encontrarás tu fuerza espiritual.

Es fundamental analizar nuestros errores, nuestras confusiones y nuestras distorsiones, ya que, de lo contrario, nos perderemos en el exterior. Con frecuencia argumentamos que nuestras acciones son válidas porque la otra persona se lo merece o nos incita a hacerlas. Nuestras acciones son nuestra responsabilidad. Por ello, fomentemos ser nuestro propio vigilante y vivir considerando las consecuencias de lo que hacemos.

La autojustificación nos aleja de las otras personas. Los seres humanos por naturaleza estamos conectados con los demás. Cuando nos autojustificamos, poco a poco nos alejamos de dicha conexión. Entonces se crean barreras de autodefensa, que no permiten que el amor se filtre. A largo plazo, estos obstáculos nos debilitan; nos separan de lo que realmente deseamos y de nuestra realización personal.

Mientras más nos aislamos, más sentimos dolor. Para tener relaciones sanas debemos estar dispuestos a no aferrarnos a nuestros puntos de vista. Tenemos que disolvernos con el fin de ser parte del todo.

Estar alerta de nuestra narrativa acerca de la situación, en gran medida, genera los sentimientos negativos y no la situación. Por ejemplo, si tu pareja fue infiel, ésa es la situación. En *coaching* decimos que todos los hechos son neutrales, es decir, no son buenos ni malos; simplemente son.

También reconocemos que nada tiene un significado inherente mayor al que le asignemos nosotros. Esto es porque cada persona puede vivir un hecho similar y darle un significado distinto.

Entonces, si volvemos al ejemplo de la infidelidad, lo viviremos según el significado que le demos. Para algunos será razón de gran sufrimiento; para otros puede ser algo pasajero. ¿Que lo determina? Lo que pensemos acerca de ello y las posibilidades que nuestro pensamiento abra o cierre.

Ahora piensa: en general, ¿qué tipo de intérprete eres? ¿El significado que le das a tus vivencias te da poder o te mantiene en las quejas y las culpas? ¿Tus pensamientos te ofrecen nuevas oportunidades en tu relación o te condenan y te atacan?

Para saber diferenciar entre lo real y la interpretación es indispensable basarnos en los hechos y no en lo que decimos de ellos. Los hechos tienen evidencia; sucedieron ante los ojos de todos. Por ejemplo: él murió, él atacó, ella viajó, él se fue, ella tuvo otra relación, etcétera. Lo demás son nuestras interpretaciones, lo que opinamos de estos sucesos.

Reconocer que cada pensamiento arroja una emoción, y que el impulsor número uno de las acciones es el cuerpo emocional, nos da mayor responsabilidad para cuestionar nuestras posturas. Si esto se altera con base en nuestra película mental, entonces reaccionamos desde el ámbito de nuestras interpretaciones, condicionadas por patrones preestablecidos. Cambiar la narrativa implicará modificar lo que sentimos y la manera como actuamos frente a los demás.

Ejercicio

Revisa esta lista y alíneate con lo que es honesto para ti con el propósito de vivir fuera del autoengaño:

- Vives en tu honor: honras a quien eres y a lo que es importante para ti.
- Vives en congruencia.
- Vives con integridad.
- Tomas decisiones.
- Eres honesto.
- Eres directo.
- Contribuyes.
- No haces trampa.
- Ofreces tu talento.
- Valoras tu trabajo.
- No criticas a otros.
- No te criticas a ti.
- Sanas tu pasado.
- Sanas la relación con tus papás.
- No eres víctima de nada ni de nadie.
- Trabajas para que el mundo sea un mejor lugar.
- Eres auténtico.
- Sigues tus sueños.

- Escuchas a tu corazón.
- Cuando tienes que elegir, eliges amar.

Cometer un error está bien y es válido

Los errores son una herramienta de crecimiento; algo natural y humano. Nos dan la oportunidad de recibir lecciones de la vida y crecer. En nuestra sociedad nos cuesta trabajo entender este concepto, ya que estamos acostumbrados a escuchar que cometer equivocaciones es malo. Desde que somos niños los errores se relacionan con el fracaso, con la debilidad, con no ser suficientes, por lo cual es natural avergonzarnos si los cometemos.

Los errores nos invitan a creer que podríamos ser seres perfectos. Esto es desgastante social y personalmente. Por lo tanto, se abre la posibilidad permanente de elaborar creencias que nos hacen sentir devaluados. Tenemos la idea de que al cometer un error ya no valemos como seres humanos. A veces es difícil separar el error de quienes somos; reconocer que, a pesar de nuestros errores, somos seres completos.

Sanemos esta concepción cultural. El reto es no entrar al juego de la culpa. Maduremos, aceptemos que cometeremos errores, que nos ocultaremos tras un velo de autojustificación que generara puntos ciegos.

Aprendamos a no caer en el engaño, ya que nos limita a ver lo que es adecuado, y restringe nuestras posibilidades, además de que nos impide ofrecer una disculpa si acaso debemos ofrecerla.

Aceptar nuestras fallas, decir "me equivoqué", habla de la grandeza de un ser humano. Al hacerlo honramos nuestro poder y tomamos las riendas de nuestra vida. Además, de ese modo demostramos la integridad con la cual queremos vivir. La verdad y nuestros actos importan. Cuando lastimamos a alguien o a nosotros mismos es importante aceptarlo y recapitular. Entonces debemos reconocer que es necesario pedir perdón y proceder; pero también olvidar.

Al recurrir a la autojustificación, a veces se crea un acto psicológico que se llama *disonancia*. Ésta se define como estrés mental. Consiste en un cúmulo de creencias contradictorias que operan dentro de ti. Sabes que deberías actuar de una manera, pero te justificas y terminas haciendo lo opuesto. Mientras mayor es la disonancia, más se aviva; entonces, comienzan las guerras, el maltrato, la doble vida o la doble moral; pues desconocemos o nos desasociamos de nuestra parte actuante, la que se manifiesta de manera oponente a los valores propios.

Para evitar que esta manera de vivir se apodere de nosotros debemos preguntarnos: ¿qué relación tengo con el error? ¿Cómo he reaccionado en el pasado frente a mis errores? ¿Cómo me han hecho sentir? ¿Puedo aceptar mis fallas y las de los otros? ¿Perdono con facilidad o guardo rencores?

Reconcíliate con la idea de que todos nos equivocamos, es decir, de que hacerlo no es lo más importante. Es más, si lo prevemos, podemos ser proactivos para vivir, mantener los ojos abiertos, no caer en confusiones, tomar precauciones para no caer en una situación intensa o no deseada, y finalmente proteger y respetar nuestras relaciones.

Sé generoso con los errores de otros. No definas a tu pareja por sus fallas; ayúdale a digerirlas para que aprenda y evolucione. No por vivir en el estatus de compañero debemos ponernos en el banquillo de los acusadores; eso no le sirve a nadie. Empatía quiere decir respetar el camino de otro, escucharlo; saber que el universo orquesta lo que otra persona tiene que vivir para despertar y sanar.

Cuando estés frente a una situación en la que no sepas qué hacer pregúntate: ¿qué es lo que está pasando realmente a nivel más profundo? ¿Quién quiero ser frente a esta situación? ¿Cómo puedo contribuir y sumar? ¿Qué necesito cambiar para estar en paz?

¿Por qué cuando sabes que estás en un error, te quedas ahí?

Tu historia te consume. Vives buscando explicaciones a tus actos. Recopilas la evidencia posible para demostrar que estás en lo correcto. En muchas ocasiones tratarás de influir en las personas para que te digan que lo que haces está bien y con el fin de que te motiven para continuar actuando de ese modo o te relacionas con personas que tienen un estilo de vida similar. Lo anterior te impide analizar los hechos con claridad. Te dejas influir por el exterior.

Como amigo, ¿cuál sería el papel que puedes asumir en una situación así? Hablar de frente puede ser difícil. Muchas veces no nos gusta escuchar que nos digan que no tenemos la razón, nos encerramos en nosotros mismos como una táctica de defensa. Por lo tanto, la manera de intervenir en una situación así es siendo curiosos. Pregunta a tu amigo qué espera de esa situación, cómo la piensa manejar, cuál es su objetivo, etcétera. Este tipo de preguntas generarán que él reflexione sin sentirse juzgado.

¿Qué pasa cuando no aceptamos nuestros errores? No aceptar nuestra imperfección es una actitud arrogante. Nos convierte en personas rígidas, pues llegamos a creer que los errores los cometen todos menos nosotros. Así se fomentan posturas de conflicto y violencia. Esto es muy peligroso. Las consecuencias han sido muy claras a lo largo de la historia. Entender que las equivocaciones son grandes propulsores para nuestro despertar hace que negarlas no tenga ningún sentido.

¿Qué pasa cuando te das cuenta de que otra persona comete un error? ¿Cómo actúas? Para que el mal persista se requiere que la gente se quede callada. Callar inhibe el poder que tiene la voz que explora y cuestiona. Hablar protege. Es importante saber cuándo, cómo y de qué manera abordar ciertas situaciones. Sin embargo, no debemos partir de nuestro punto de vista, sino establecer los hechos, las acciones y las consecuencias. Tu argumento no debe nacer de tu ego. No se trata de quién está en lo correcto. Lo que digas debe nacer de las consecuencias que tienen nuestras acciones a nivel colectivo. Hay que hablar desde una posición que garantice responsabilidad y solución al problema.

No tiene sentido comunicar nuestras creencias individuales y tratar de someter a otros a nuestras ideologías. Cada uno tiene que investigar qué creer en todas las áreas de su vida; saber que si ha elegido regir su vida con sus creencias es porque le funcionan, y que si otro piensa de manera ajena, debe respetarlo. El objetivo es crear un mundo en el que nuestras diferencias puedan ser bienvenidas.

Cómo darnos cuenta que debemos despertar

Tu gran maestra es la pareja que te confronta o te cuestiona; no la que te ciega y respalda tus ilusiones mentales. Por lo tanto, es importante que en nuestra vida permitamos que nos hablen con honestidad, que las personas indaguen cuáles son nuestros objetivos, nuestras interpretaciones y las nuevas oportunidades que se pueden abrir ante nosotros. Hablemos con base en el amor para encaminarnos a nuestro espíritu.

Si nuestros compañeros de vida nos cuestionan es porque somos importantes para ellos, por que nos quieren. Si estamos dispuestos, podemos ser capaces de tener un viaje dentro de nosotros mismos; se abrirán caminos de introspección, salud y evolución. Esto hace que demos un gran paso al poder que poseemos al relacionarnos con base en la salud.

Más allá del error...

A lo largo de nuestra vida, en el plano físico creamos situaciones que nos sirven como oportunidades para provocar las experiencias de las que venimos a aprender. El fin es despertar, perdonar y recordar quiénes somos. Sin importar la vivencia que tengamos, debemos despertar o perderemos el propósito espiritual y nos dejaremos controlar por el drama.

Nuestra misión principal es transformar la negatividad y ver la situación desde una perspectiva mejor. La idea de que podemos culpar a alguien por nuestra infelicidad nos da permiso de sentir que la gente es responsable de nuestra incapacidad de mantenernos en paz (una trampa en la que es fácil caer, sin reconocer que de alguna manera hemos orquestado esta vivencia a nivel espiritual para nuestro autoconocimiento y nuestra sanación). Si queremos crecer espiritualmente no será en situaciones fáciles y respirando incienso; será con base en los grandes retos, cuando la vida nos cuestione: ¿quieres ser feliz o sólo tener la razón? Y entonces nosotros tengamos la valentía de elegir la felicidad y dejar ir.

A veces pregunto a mis estudiantes, cuando los veo sufriendo ante una situación determinada: "¿Qué cosa tan terrible podría pasar si ya no pudieras pensar en lo que hoy te molesta?" "Si ya nunca pudiera tener estos pensamientos, sería feliz, me sentiría libre. Mi relación cambiaría radicalmente", responden.

Ahora piensa tú: si ya no pudieras pensar en aquello que hoy te molesta, ¿serías más amoroso?, ¿serías más feliz?

Tienes el poder de conseguir tu felicidad si eres capaz de soltar las resistencias sembradas por tus pensamientos.

Lo aparente no es la realidad

Recientemente, los científicos hablan acerca del cuerpo humano como un *continuum* mente/cuerpo. Esto implica que somos más que células, moléculas y átomos. La ciencia de la energía argumenta que, en realidad, nuestro cuerpo está compuesto por densas condensaciones de campos interrelacionados y que la materia está constituida por patrones de energía que radia en cierta frecuencia. Todo lo físico simplemente representa energía vibrante, que nuestros cinco sentidos detectan. Como aspas de un ventilador, cada parte de la materia física está conformada por masa de electrones que giran rápidamente; así, parecen sólidos a nuestros sentidos. De esta manera, el mundo físico es una ilusión creada por nuestra percepción.

Tenemos cuerpos físicos y cuerpos sutiles: el físico vibra a la frecuencia de la materia (el mundo de la humanidad); el sutil lo hace cerca de la frecuencia del alma (el mundo de la conciencia universal).

Por lo anterior, la realidad física es una ilusión creada por los cinco sentidos. Nuestra percepción hace que esta ilusión sea tan convincente que se nos hace difícil entenderla y creer en ese concepto. Pero eso hace que cuestionemos todo lo que hemos percibido como fijo, complejo e inamovible, cuando en realidad todo es energía que irradia múltiples posibilidades en todo momento. Y lo que da definición a lo que vemos es la calidad de observadores que poseemos.

El código genético retiene la memoria de tu esencia: tu peso, la forma de tu cara, tus prejuicios, lo que te gusta comer, tus fortalezas, tus debilidades, etcétera. Se asegura de la persistencia de los patrones, las armonías y las desarmonías dentro de ti, mientras que el cuerpo biológico se renueva de manera constante. Tu cuerpo no es el mismo que hace un año, pues tus células se renuevan cíclicamente; por lo tanto, en un plano físico, eres un nuevo ser cada determinado tiempo.

Los pensamientos, los sentimientos y las creencias crean la vida que tenemos. Cuando nos abrimos a esta verdad, nuestros problemas casi siempre desaparecen. Esto es porque los problemas en gran medida son percepciones erróneas. Así, tenemos un decir importante en esta recreación física y etérea para reprogramar en los dos niveles qué deseamos que construya nuestro ser.

Entender que, más allá de lo que miramos a simple vista, existe otra realidad en un nivel menos aparente, nos invita a indagar si nuestras parejas son personas que hemos elegido para entrar a nuestra vida con la intimidad necesaria para ser observadores de nosotros. A través de esta complicidad lograremos una transformación acelerada en varias dimensiones, si lo permitimos.

Crecimiento personal

Al movernos de lugar, al ser curiosos, al estar abiertos a la posibilidad de errar y estar dispuestos a reconocer que vivimos en lo incorrecto, se abre la puerta para vivir un bienestar total.

La capacidad de observar una nueva realidad ofrece alternativas a cualquier situación restringida y amplía nuestra visión del mundo. Al reconocer que muchas de nuestras respuestas emocionales son limitadas y filtran las vivencias de manera distorsionada, apegadas a nuestros condicionamientos y a nuestras creencias, nos damos la oportunidad de vivir explorando qué es real y que no lo es reaccionando a lo ya conocido. El objetivo debe ser entonces el crecimiento personal y alinear la relación con nosotros mismos y con los demás hacia la paz. Somos más flexibles de lo que creemos si podemos estar en una posición de prueba y error. Desarrollemos un ojo autoobservador que nos mire al actuar. Crear conciencia de quiénes somos va de la mano del acto de adquirir nuevos aprendizajes, de replantear nuestras posiciones y de retroalimentarnos de las personas a quienes respetamos para enriquecernos de sus perspectivas.

Ejercicio

En la siguiente lista identifica qué áreas de tu vida debes cultivar para ser una pareja a cargo de su satisfacción personal.

- Amor propio
- Validación
- Economía
- Hobbies
- Amistades propias
- Realización personal y profesional
- Salud
- Lenguaje poderoso
- Familia
- Espiritualidad
- Ejercicio
- Honor y valores
- Autorespeto
- Aprendizajes nuevos
- Diversión
- Perdón
- Comenzar nuevos ciclos

Si identificaste alguna área en la que debes trabajar, crea un plan de acción que contenga los siguientes pasos:

1. ¿Qué quiero lograr? Escribe una idea, que se acerque al resultado que le gustaría que se manifestara en tu vida.

Déjate ir con la imaginación. No pienses en barreras; sólo visualiza.

2. Cuestiónate: ¿qué te frena? ¿Es una historia, una explicación o una justificación?
3. Atención. Es tu responsabilidad encontrar la realización personal. Nadie puede hacerlo por ti; mientras no des los pasos hacia aquello que deseas, esa frustración puede acabar situada en tu relación de pareja.
4. Da un primer paso hoy que te acerque al camino de tu felicidad personal. Esto hará que cualquier situación comience a establecerse en equilibrio y bienestar.

Capítulo 5

Comunicación efectiva en la pareja. Comunicación honesta

Usa tu palabra como la herramienta más poderosa para construir tu realidad. Sostenla en la simpleza de la verdad del corazón; cuida tus discursos, tus compromisos, tus acciones; así, el poder de creación estará ahí para tu transformación.

Si no eres un buen comunicador, es probable que sientas frustración e incomprensión. Pero date cuenta de que si pudieras expresarte desde tu mayor ser, tu mundo entero cambiaría. Para tener una relación transparente con tu pareja es fundamental, primero, sostener una conversación personal. Empieza por vincularte contigo mismo. Ten claro qué es verdadero y genuino para ti, sin que te preocupe cómo reaccionará o actuará la otra persona. Lo esencial en cada momento es honrarte, y desde ahí extender tus acuerdos y tus compromisos con los demás.

El medio para encontrar claridad y realización en cualquier relación es el lenguaje, pues es el vehículo necesario para crear acuerdos, los cuales manifestarán nuestro futuro. Si no sabemos cómo usarlo, probablemente no lleguemos lejos a largo plazo. Entonces, es de vital importancia que aprendamos los actos del lenguaje en relación con nuestra pareja con el fin de construir la vida que deseamos.

A lo largo de muchos años que he trabajado con parejas me he dado cuenta de que la comunicación mal lograda desfasa a las personas a tal punto que la lejanía y los desacuerdos crean dos completos extraños.

Por lo anterior, me gustaría que tomaras en cuenta, al saber pedir, al crear acuerdos y promesas poderosas, al declarar lo que deseas, que debes aprender a usar el habla para construir, para ser efectivo en la unión de pensamiento, palabra y acción. Así se logra una congruencia que brinda solidez en ti y en tus relaciones, pero para hacerlo es importante que pongas atención en lo siguiente.

El arte de pedir

Imagínate que hay algo que quieres, pero tienes problemas para pedirlo. Esperas que tu pareja te lo dé; te sientes con ella porque no te lo da espontáneamente. Tratas de insinuar, dándole pistas, y actúas o manipulas para que cumpla con lo que reclamas. Esto puede despertar sentimientos que te hagan pensar que no te ama.

Ahora, imagínate que pides lo que quieres de manera directa y sin rodeos. Escribe los pensamientos que te generan miedo o estrés y te paralizan para ser claro con tu lenguaje. Por ejemplo:

- "Quiero que mi pareja tenga detalles conmigo, que me diga cosas bonitas; pero si le pido esto él podría..."
- "Quiero renunciar a mi trabajo y buscar una profesión que me apasione, pero si le pido que me apoye, ella podría..."
- "Quiero independencia económica, claridad en nuestras responsabilidades, pero qué pasaría si le pido nuevos acuerdos..."

- "Quiero hacer un viaje sola, pero si le pido independencia, podría..."

Cuestiona los pensamientos que te impiden pedir con fuerza y naturalidad: ¿son ciertos?, ¿puedes estar completamente seguro de que eso es lo que te va a decir?, ¿cómo reaccionas con él cuando tienes estos pensamiento?, ¿cómo la tratas? ¿Quién serías sin estos pensamientos?

Tenemos el derecho y la obligación de pedir. Justamente, este derecho es la puerta hacia la abundancia, para crear vidas que contengan lo que deseamos. No saber pedir nos debilita, nos confunde y confunde a quienes nos rodean. La vida se trata de pedir. Las peticiones deben estar abiertas a la negociación; a dar la oportunidad de recibir un sí, un no, u ofrecer una alternativa. De esta manera, el diálogo y el arreglo al que se llegue será poderoso y acordado por ambas partes. En algunas ocasiones, las personas a las que pides no podrán complacerte; pero eso no importa, porque esto abre la posibilidad de buscar otras opciones.

Si recibiste el sí, el siguiente paso es crear un compromiso o una promesa. Si la respuesta fue no, pídelo a alguien más. Si los demás no pueden darte lo que crees merecer, entonces pídelo a ti mismo. Ten en mente que el universo te da lo que necesitas; no necesariamente lo que el ego desea. El pedir es el acto más importante para generar posibilidades en nuestra vida. Muchos pedimos poco, mal y sin claridad, a las personas incorrectas y con preguntas indirectas. El resultado es que recibimos de la vida y de nuestras parejas lo que no queremos, lo que no nos sirve o lo que llega a destiempo.

Pedir es un arte: lo que necesitamos, para una fecha concreta y la cantidad correcta. Puede ser amor, acuerdos, proyectos, compañía, apoyo, etcétera.

Pídete a ti y a tu pareja hasta que sientas que estás justo donde quieren estar, en un punto en el cual la dinámica sea productiva, funcional, armónica. Si te sientes estancado o agobiado en tu relación, es posible que hayas dejado de pedir y de reconocer que en estas peticiones está tu poder de comunicar, de construir los sueños alrededor de tu vida y de manifestar tu destino, pero integrando, al mismo tiempo, a otro ser humano. En este punto es necesario reconocer que si no recibimos lo que deseamos, la siguiente alternativa será tomar una decisión para abrir una nueva posibilidad o cambiar nuestros pensamientos.

Decir que no

Escucho con frecuencia que lo que nos frena a pedir es el miedo que tenemos a recibir por respuesta un *no*. Si sabemos la diferencia entre amar y querer, también sabremos que un *no* por respuesta no tiene nada que ver con el amor que tu compañero siente hacia ti. Es mucho más fácil pedir con libertad si separamos el *no* de las emociones. Así, la otra persona será honesta porque la respuesta que dé estará bien contigo. La intimidad aparecerá, junto con una tranquilidad en ambos que no existía.

Puedes amar a una persona y decir *no* a lo que decidas. Por ejemplo, tu pareja pregunta si sus familiares pueden quedarse en casa o si quieres tener relaciones sexuales y tú no lo deseas en ese momento.

Explora dentro de ti; si puedes dar un *no* sin dar explicaciones con el derecho que te da elegir lo que realmente deseas, date cuenta que un *no* para tu pareja significa un *sí* para ti. Es posible amar incondicionalmente, aun cuando tu respuesta sea *no*. Lo importante es que conserves la lealtad frente a ti y frente a los otros; que seas firme con lo que quieres y con lo que no deseas, para que justamente queden íntegros tus pensamientos, tus emociones y tu espíritu. Un *sí* deshonesto es una limitación para tu ser.

Algunos ejemplos de cómo decir *no* cuando nos corresponde son los siguientes:

- Gracias por preguntar, pero no.
- Te entiendo, pero no.
- Puede ser que estés en lo correcto, pero no.
- Me importas, pero no.
- Puedo ver que funciona para ti, pero no.
- Quiero hacerte feliz, pero no.
- Me da miedo decirte que no, pero por ahora la respuesta es no.
- Por el momento no te puedo dar una respuesta, pregúntame después.

Promesas y acuerdos

Nuestras promesas están ligadas al bienestar de la relación que tenemos con nosotros mismos y con nuestra pareja. En general, crean nuestro mundo, diseñan quiénes somos y cómo nos relacionamos con otros, además de que fortalecen nuestra identidad, ya que lo que nos prometemos, y lo que prometemos a otros, construye lo que somos y la vida que manifestamos. El ingrediente principal que requiere un buen prometedor es saber honrar su palabra. Tienen poco poder las promesas hechas por una persona que no se enaltece con lo que dice; su futuro, y lo que se puede construir en él se vuelve vago.

Entonces, uno de los grandes crecimientos en el seno de una relación de pareja es honrar lo que decimos para sostener un futuro paralelo con la otra persona que se vincula con los acuerdos de la palabra que emitimos.

Muchas veces es necesario ajustar las promesas hechas al inicio de una relación, lo cual se logra a través de la renegociación. La promesa logra que se manifieste un futuro poderoso entre dos personas. Por lo tanto, prometer construye el porvenir; es el acuerdo más poderoso para generar proyectos y planes, y alinear deseos acordes con la realidad.

Cuando hacemos un compromiso es importante cumplirlo. Algunas de las virtudes más importantes de la vida son la integridad y el buen uso de la palabra. Éstas son vitales para el bienestar general. No es bueno desatender las responsabilidades. Lo que sí podemos hacer es replantear nuestros compromisos. Es importante que, si rompes un compromiso, seas honesto y asumas a otro. Si eres sincero y directo, tu pareja te respetará.

Las promesas que hagas, lo mismo que las promesas que te hagan, deben ser claras, congruentes con sus propósitos. Los dos deben estar de acuerdo en qué, cuándo, cómo, dónde se debe cumplir una promesa.

Con tu pareja: ¿Tus promesas son suficientemente claras? ¿Es claro qué has prometido y qué te han prometido: cómo, cuándo y dónde? ¿Qué manifestarán? ¿Qué acuerdos están sobre la mesa para cumplirlas?

Lo que prometes y lo que te prometen se vuelve realidad. Es una manera de esculpir el futuro en compañía de otros. Ahí radica su poder.

Antes de comenzar una relación o al replantearla revisa que estos temas estén discutidos adecuadamente y que los dos tengan acuerdos, promesas y compromisos, para que en un futuro éstos no sean temas de discordia.

Tengan en cuenta lo siguiente:

- Compromiso (¿qué significa para ambos?).
- Intimidad (hablen de las necesidades de cada quien).
- Sexo (sean honestos en este tema de las necesidades y los gustos).
- Fidelidad (¿tienen las mismas ideas sobre el tema?).
- Coquetear (¿con qué se sienten cómodos?).
- Libertad (¿cuáles son las necesidades de cada uno en relación con este tópico y cómo la brindarán en la relación?).
- Honestidad (¿qué información comparten?).
- Apertura (hablen de sus sentimientos).
- Igualdad (¿los dos tienen el mismo valor?).
- Dinero (acuerdos, expectativas, responsabilidades, etcétera).
- Responsabilidades (aborden el tema y comprométanse con los acuerdos y los roles que les correspondan).

- Decisiones (¿cuáles deberán tomar en conjunto y cuáles por separado?).
- Hijos (hablen sobre tenerlos o no tenerlos; sobre las responsabilidades de cada uno cuando nazcan).
- Familia política (tomen en cuenta las fiestas, las vacaciones, el apoyo, el tiempo en casa).
- Religión (debe haber respeto y apertura a las creencias ajenas).
- Espiritualidad (debe haber respeto y apertura para que cada quien luche por su despertar).
- Crecimiento personal (es preciso tener paciencia por las fallas, las crisis y la ceguera de cada quien).
- Hábitos (platiquen sobre el particular para que el día de mañana sus hábitos no sean la raíz del sufrimiento de su relación).

Pongan sus respuestas por escrito para que en un futuro haya claridad en lo que hayan acordado.

Algunas preguntas importantes

¿Qué hacer cuando nuestra pareja sufre por problemas económicos y se refleja en su seguridad?

El del dinero es uno de los conflictos más comunes en la pareja. Hablen de este tema; elaboren diferentes escenarios de situaciones económicas y hagan los planes ideales para fortalecerse. En *coaching* es importante prever las crisis y tener un plan de acción antes de que sucedan. Esto es importante para evitar que las emociones sucumban en estas circunstancias. Sean proactivos cuando sea necesario. Si uno comienza a victimizarse por su posición económica y no sale de su historia, no tendrá poder para moverse de ahí si no lo desea. Es tu decisión reconocer si quieres vivir así.

¿Qué hacer cuando se profesan diferentes religiones o costumbres sociales?

Estos temas deben hablarse con anticipación, sobre todo si se va a formar una familia. Los dos deben acordar qué es importante en estos temas para que el día de mañana no sean un campo minado para la relación.

¿Qué hacer si queremos cambiar y sanar, pero la pareja no quiere lo mismo?

Es común que uno de los dos comience con un proceso de conciencia y encuentre que ya no está dispuesto a vivir en espacios de destrucción. Si este es tu caso, pueden suceder dos cosas: que tu pareja se vea influida por tu cambio (sin pedírselo, aprenderá a través de ti) o que quiera seguir en dinámicas toxicas; pero como a ti ya no te interesa seguir con esto último, probablemente la relación termine, pues ninguno de los dos apoya el propósito del otro. Uno está en el ego y el otro quiere moverse hacia el amor.

¿Cómo hacer para que el pasado de nuestra pareja no afecte nuestra relación?

En *coaching*, cuando hablamos de "cómo hacemos", hablamos de control y miedo. Nos salimos de nuestro ámbito y queremos regir algo que se encuentra en otra persona, pero ahí no tenemos poder ni decir.

Partiendo de esto, sabemos que todos somos producto de lo vivido. Si te afecta algo que ves en tu pareja, tienes dos opciones: cambiar lo que piensas acerca de él y de su pasado para que tu atención no se enfoque en eso, sino en la realidad que creas ahora, o hablar con él: si acepta replantear lo que aporta a la relación, qué bien, pero si no, ¿estarías en paz al soltarlo? Sólo así tendrás poder.

¿Cómo establecer relaciones de pareja fuera de los estándares sociales?

Hoy en día podemos vivir la relación de pareja desde muchas variantes. Esto aumenta la posibilidad de tener éxito en nuestra relación, ya que podemos adaptarla a nuestras necesidades y estilos de vida. Lo importante es que las necesidades emocionales, y lo que cada uno desea vivir, haya sido suficientemente discutido y acordado. Crear una relación de pareja que funcione para ambos es un derecho al que no debemos renunciar. Evitar roles tradicionales puede alinearnos con algo que puede ser funcional para el presente.

¿Está mal no querer vivir en pareja?

Es perfectamente natural no estar en pareja y además es necesario para conocernos, crecer y establecer una buena relación con nosotros mismos. Esto es lo primordial.

¿Se puede vivir sin sexo en la pareja?

Somos pareja en muchos niveles, el más profundo de los cuales es el espiritual. Sí se puede vivir sin sexo, pero los dos deben estar satisfechos con esa circunstancia.

Declaraciones en la relación de pareja

Las declaraciones en la relación de pareja son una forma de comunicación que existe de manera inconsciente. Es importante traerlas al plano de lo consciente con el fin de crear algo nuevo en el futuro. Por ejemplo: "Los declaro marido y mujer". Con sólo usar el lenguaje se genera una nueva relación con uno, con el otro y con el entorno.

Declaramos quiénes somos, qué somos capaces de hacer, qué es posible o imposible en nuestras vidas. Pero en gran medida dichas declaraciones permanecen en un estado inconsciente, y desde ahí construyen nuestro presente y nuestro futuro.

Hemos hecho un sinfín de declaraciones desde que éramos niños. Explorar cuáles han sido éstas nos conduce a estadios profundos de autoconocimiento. Cuando vivimos una experiencia, comúnmente en la infancia, definimos quiénes somos a partir de ella y cómo funciona el mundo a nuestro alrededor. Así, declaramos qué es la realidad y quiénes somos.

Las declaraciones no necesitan estar respaldadas por algo real. Se vuelven nuestra verdad, una de muchas que pudieron ser elegidas, ya que, según la interpretación que hagamos de lo vivido, cambiarán nuestras declaraciones y, por lo tanto, nuestras creencias. Es decir, no son una verdad absoluta.

Las declaraciones comunes que hacemos (y que hoy pueden influir en quiénes somos y cómo creamos la realidad en nuestra vida de pareja) pueden ser del tipo siguiente:

- "No soy importante para nadie y, por lo tanto, no seré amado."
- "Los hombres son infieles."
- "Las mujeres no son capaces."
- "Un matrimonio acaba siendo una condena."
- "Si me caso, seré feliz."
- "Tengo muchas fallas, nadie me amará."
- "La vida no es justa."
- "No merezco."
- "Estoy solo."
- "Estoy feo."
- "No soy atractivo."
- "Las personas se van."
- "Ellos o ellas siempre son infieles."

Observa las creencias que declaras de manera cotidiana. Lo primero que debemos hacer es exponerlas a la luz para que se desvanezca su poder frente a nosotros. No las rechacemos, porque eso les daría fuerza. Reconozcamos con amor lo que nos decimos y observemos cómo este lenguaje ha moldeado nuestra vida.

En función de la pareja estas creencias son muy interesantes. Les pongo un ejemplo: un día, el papá de Pamela llegó y le dijo que se iría a vivir a otro país. Ella tenía cuatro años. Su padre se despidió; se alejó sin mayores explicaciones. Pamela se sintió ofendida, se retrajo; vivió este hecho con gran dolor. Su interpretación creó una declaración (recordemos que éstas nacen en el seno de nuestras emociones, en un lugar muy profundo del corazón). La niña se dijo:

"Nunca me vuelvo a acercar a un hombre; si mi papá se fue, quiere decir que los hombres no son de confianza, nunca estarán para mí".

La oración la formuló en un nivel inconsciente para proteger sus emociones. Pero si siendo adulta sigue pensando lo mismo, truncará cualquier relación con un hombre. En consecuencia no ha podido acercarse a un hombre ni tener una pareja estable por algo que declaró desde que era pequeñita. Por lo anterior, hay que explorar estas primeras declaraciones; cuestionar cuáles han frenado nuestro desarrollo.

Investiga qué hay dentro de ti, qué memoria clave vive en tu interior, qué emociones la acompañan y crea nuevas verdades que se alineen con lo que quieres vivir.

¿Cómo saber si una declaración está activa en ti? No obtienes los resultados que deseas. A lo mejor hasta ahora pensabas que era culpa de un factor exterior, pero en este momento te das cuenta de que las declaraciones crean lo que es posible y lo que no lo es. Con ellas evidenciamos que lo declarado es verdad. Tendemos a crear las realidades que reflejan lo que creemos y lo que nos hemos dicho. Por lo tanto, entendemos que una declaración crea un patrón de conducta. Asimismo, sabemos que nos rige porque nuestra realidad no ha sido diferente, o sea que al dar cuenta regresiva al relacionarnos con otros, lo hemos hecho de una manera similar, pues la declaración así lo dicta. En síntesis, creamos patrones de vida generados por nuestras declaraciones.

Ahora, llevando las declaraciones preexistentes al terreno de los hombres. Es frecuente que se desprendan del miedo que se desarrolló a partir de situaciones que vieron en sus papás. Tuve una paciente que desde chiquita vio a su mamá débil frente a las actitudes del papá; él era agresivo con ella y ella era sumisa. Ante esto, mi clienta declaró: "Yo nunca seré como mi mamá, nunca dejaré que un hombre me maltrate. Si yo fuera ella ya me hubiera ido; hubiera sido más fuerte." Cuando indagué por qué esta paciente se había divorciado y no consolidaba ninguna relación de pareja, descubrí que era por la declaración que la regía: a partir de lo que ella interpretó acerca de su madre y de cómo se relacionó con los hombres. Lo hizo con el propósito de superar actitudes que juzgaba en su mamá. Esa declaración fue de este tipo: "Yo no seré como tú. Verás que yo haré las cosas bien. Me defenderé y seré independiente". Tal declaración fue tan vigorosa que formó una barrera infranqueable en su relación con los hombres.

Siendo tan añejas y profundas, encontrar cuáles son estas declaraciones amerita un buen clavado a nuestro pasado y a algún lugar escondido de nuestra alma y nuestra memoria. Para eso se necesita ser honesto con uno mismo, estar dispuesto a dejar de culpar a los demás y verse por dentro, sanar y replantear su situación.

¿Cómo encontrar esas declaraciones y cómo manejarlas? Una manera de hacerlo es escribir cuáles fueron los hechos más importantes que viviste en función del sexo opuesto. Después, recuerda qué actitudes de tu mamá o de tu papá crees que influyeron en ti para hacer ciertas declaraciones.

Tendemos a ser competitivos con nuestros padres; cuando algo nos molesta de ellos creemos que nosotros haremos las cosas de otra manera, o mejor; pero esto a veces cobra impuestos. En ocasiones, sentimos represión o rechazo, y nuestras declaraciones nos vuelven apáticos, resentidos o fallidos con nuestra comunicación. Traemos al presente lo que no hemos resuelto de lo que vivimos en el pasado.

Por ejemplo, nos pudieron haber dicho: "Con esa ropa no te ves bien" o "Si sigues así no encontrarás pareja". Esto puede moldear nuestras creencias y distorsionar la manera en que nos relacionamos con los demás. Lo que ellos dicen no importa, sino lo que nosotros interpretamos, a qué conclusiones llegamos y qué decidimos creer.

Las declaraciones se pueden retirar por completo porque no tienen evidencia. Éstas son lo que hemos decidido creer, y como están arraigadas al cuerpo emocional, es fundamental sanarlas. Cuando estamos cerca de nuestra pareja, es importante saber qué declaraciones hemos hecho y estar atentos a nuestro lenguaje. Si estamos a la defensiva, y si buscamos defectos en el otro, es una señal de que debemos disolver algo en nosotros. Recordemos que nuestra declaración, nuestro lenguaje y nuestra actitud frenarán o no el crecimiento de las relaciones interpersonales. Es esperanzador saber que señalando estos frenos emocionales, podremos trascenderlos, crecer y cambiar.

El gran paso es decir: "Voy a cambiar, porque me doy cuenta de que tengo un obstáculo dentro de mí que tiene que ver conmigo, con algo que yo me dije en un momento dado".

A un estudiante le pregunté: "Dime si has vivido alguna situación de pareja diferente". Su respuesta: "Mi experiencia siempre ha sido similar". Esto es lógico, porque ahí radica la fuerza que tienen las declaraciones. Crean la apariencia de que el problema está afuera. Las declaraciones aparecen en cualquier situación; por ejemplo, en relación con el dinero, con la salud o con cualquier otra área de nuestra vida. Diseñan lo que es posible o no para nosotros.

Las acciones que tomamos o cómo diseñamos nuestra realidad tienen como base una declaración. Lo ideal es que todas nuestras declaraciones estén revisadas y equilibradas con lo que queremos lograr; que sepamos qué impacto tienen en nuestra vida y que nos den una idea de cuándo se crearon para que en la actualidad actuemos con mayor madurez y equilibrio.

Ejercicio

En el *coaching* se recomienda que como adultos hagamos una reflexión profunda acerca de cuáles declaraciones operan y rigen nuestra vida. Entonces, escribe cuáles son los hechos fundamentales que viviste, los que tuvieron mayor importancia en tu desarrollo, y define qué interpretaste de esos eventos (cuál es la historia que te cuentas de ellos); en el siguiente renglón, abajo de tu interpretación, surgirán tus declaraciones, lo que a nivel profundo moldeó tu identidad y cómo ves la realidad.

O sea, viviste una situación; la interpretaste en el fondo, en tu emoción; dijiste algo acerca de ti, algo sobre cómo vivirías tu futuro y acerca de cómo funcionaba la realidad. Por ejemplo: "Muchas ocasiones mis papás discutieron por dinero cuando yo era pequeña. Yo interpreté: 'No vale la pena pelearse por dinero'. Mi declaración se volvió la siguiente: 'El dinero no es importante'. La consecuencia de esa experiencia es que tengo una relación indiferente hacia el dinero. Entonces debo replantear mi declaración para alinearla con la mujer que soy, con la realidad que quiero crear, si quiero cambiar la cifra de mi cuenta de banco. Cuando murió mi papá y heredé un dinero de él, por tener estas declaraciones le di ese dinero a mi esposo para que lo invirtiera. Claro que creo en sus habilidades, pero la principal razón por la que se lo di fue que yo no quería tener nada que ver con ese capital ni quise hacerme responsable de él. Al analizar la situación, me di cuenta de que ésta era una manera como me relacionaba con el dinero. He tenido que cambiar mi actitud frente a lo dicho, y también he debido replantear arreglos económicos en mi relación de pareja para hacerme responsable de mi economía".

Si este patrón, derivado de las declaraciones, nos ha acompañado por mucho tiempo y estamos acostumbrados al resultado, quizá nos dará temor deshacernos de él, pues se ha vuelto parte de "quienes somos". Al abrir nuevos caminos, al explorar nuevas maneras de ser, también accedemos a gozos que pensábamos que no eran para nosotros. Cualquier situación de nuestra vida se apega a esto si realmente nosotros queremos vivir una experiencia de profunda realización. En la relación de pareja tenemos que estar dispuestos a vencer los miedos, aquellos que nos impiden entregarnos, confiar, crecer. Así, tus miedos deben ser descifrados, porque después de soltarlos vendrá tu verdad, la cual no vivirás si no estás dispuesto a conquistar y a caminar venciendo el temor.

Si detectas que tus declaraciones son inmaduras, que están fuera de contexto y que no te dejan avanzar hacia las conquistas deseadas, es importante que reconozcas que necesitas el apoyo de un *coach* o de alguien que te ayude, porque aquéllos son puntos ciegos. El *coaching* es extraordinario para sacar a la luz declaraciones profundas; si son superficiales, es probable que tú misma logres trabajar con ellas. Pero si tienen mucha carga emocional, te recomiendo que busques ayuda profesional o que asistas a un seminario de *coaching* para que te des la oportunidad de profundizar en ti.

Cómo poner límites con nuestra comunicación

¿Qué es un límite? Es un espacio en el que aparece el otro y apareces tú con oxígeno de por medio. En cualquier relación existe una interrelación, en la cual debe quedar clara tu posición y la de la otra persona. Esto debe abarcar varios ámbitos, como el dinero, el espacio, el tiempo, la salud, el amor, la dedicación, el lenguaje, las acciones, etcétera. El propósito de cada uno debe estar claro para lograr los objetivos de los dos (sobre todo en áreas como la paz espiritual, una economía fuerte y el respeto por uno mismo). Para cumplir lo que buscamos, debemos evaluar qué límites son necesarios. Si no existen estos lineamientos, las aspiraciones no florecerán.

> Límite = espacios de salud, alegría y desarrollo.

Poner límites constituye un aprendizaje, que muchas veces no ocurre de manera natural. Una persona que sabe poner límites desarrolla una comunicación eficiente, sabe lo que quiere y reconoce los espacios que necesita para obtener lo que quiere. Para muchos de nosotros el límite es una línea borrosa; no sabemos a dónde vamos, qué queremos o qué permitimos a la gente que nos rodea.

Por otro lado, lo que hemos aprendido acerca de cómo nos relacionamos con otros y los límites que ponemos lo asimilamos de las relaciones que tuvimos a lo largo de nuestra vida. Si crecimos en un entorno o en una familia en que no se ponían límites, en la que se invadía nuestra intimidad, había faltas de respeto o nuestra voz se minimizaba, será muy difícil que, al establecer una relación, nos comportemos de manera diferente. Esto pasa porque no queda claro qué es permitido pedir y qué no.

A veces, cuando empezamos una nueva relación confundimos la intimidad y la cercanía, con revolver y juntar todo. En otras palabras, mezclamos los sueños, las pasiones, el dinero, el tiempo, el espacio y los miedos. Entonces se borra la línea de lo que es sano, cuando deberíamos hacer todo lo contrario: para tener intimidad con una persona debemos saber poner límites.

Es fundamental establecer claridad en lo que quieres y necesitas y en lo que no es saludable y no te hace feliz. Cuando estás con una persona porque te suma o te invita a ser feliz, pero no necesitas de ella ni de su compañía, realmente puedes generar una relación genuina, amorosa y sana.

¿Cómo vencer el miedo de hablar? Primero que nada debes sentir que tienes ese derecho; que puedes estar fuerte frente a la vida. Para gozar de esta fortaleza, trabaja en tu salud, en tu carrera, en tu lenguaje, en tu economía, etcétera. En este caso, la economía es importante porque te dará la libertad de cerrar ciclos, de abrir nuevas oportunidades, de emprender otros proyectos. Es importante aclarar que los límites tienen que ser para ti mismo y con el exterior.

Si lo que te frena es el miedo, ten en cuenta que éste es producto de un pensamiento. ¿Qué pensamiento tengo frente a esta relación, esta persona o esta situación que me provoca parálisis? El miedo nos paraliza y su antídoto es la acción: ¿qué paso debo tomar para eliminarlo?

Cuando descubras qué es lo que emiten tus declaraciones, trabájalas con las cuatro preguntas de Byron Katie para disolver su perjuicio en ti y permitirte expresar lo que hoy te devuelve poder y libertad.

Si después de realizar ese ejercicio sigue presente un sentimiento incómodo, de cualquier manera habla. Cuando nos comportamos alineados a nuestra fuerza vencemos creencias y pensamientos limitantes. A través de los nuevos resultados creamos algo nuevo en nosotros y nos abrimos a la vida que deseamos crear. Obsérvate en tu poder a pesar del miedo.

¿Qué pasa cuando no ponemos límites? Tenemos que reconocer que no hay autorespeto. Si no identificas qué es lo que necesitas, probablemente sacrificarás lo importante y terminarás frustrada, con resentimientos.

Ejercicio

Identifica si hacen falta límites en tu relación de pareja.

Cuando *no* hemos sido firmes con lo que deseamos, probablemente:

- Sentimos que damos más de lo que deseamos.
- No florecen las relaciones.
- Nos sentimos víctimas de las otras personas.
- Permanecemos en una conversación de celos, dependencia y manipulación.

- No hablamos con naturalidad; manipulamos, decimos cosas a medias; somos débiles con nuestro lenguaje.
- No sentimos poder.
- Asumimos responsabilidades que no nos corresponden.
- No logramos determinar cuándo una relación se termina porque nos mantenemos en la confusión y en una conversación de pérdidas, y no cerramos ciclos.

Cuando *sí* ponemos límites:

- Somos auténticos.
- Vivimos con nuestra verdad.
- Somos directos con nuestra comunicación.
- Los resultados de nuestras relaciones se logran a largo plazo.
- Somos neutrales en relación con las características de otros; no nos enfocamos en sus defectos.
- Vivimos en una posición de compromiso y responsabilidad.
- Somos asertivos con el lenguaje.

Así aceptamos los ciclos y podemos replantear o terminar nuestras relaciones, ya que logramos comunicarnos de manera directa y expresamos nuestras necesidades.

Pasos para poner límites:

- Comunícate sin culpar a los demás (no empieces con "me molesta que", "me hace sentir", "no soporto", etcétera).

- Empieza por ti mismo ("yo siento que no me estoy respetando a mí misma cuando tengo estas conversaciones contigo"). De esta manera asumes la responsabilidad.
- Sé honesto.
- Sé directo.
- Toma en cuenta al otro.
- Sé claro con lo que estás dispuesto a dar.
- Sé firme con lo que sí y con lo que no. Poner límites hacia ti y hacia los demás es amar.
- Ten claras cuáles serán las consecuencias; no amenaces.
- Empieza poco a poco.
- No es necesario dar explicaciones.
- Cumple con tus necesidades (usa las peticiones).
- Llega a un acuerdo.

Poner límites no implica amenazar. Habla de lo que estés dispuesto a hacer y cumplir. Por ejemplo, si le dices a tu pareja que sólo puede usar tu coche ciertas horas al día (al acuerdo a que hayas llegado), pon claro el tiempo y lo que esperas del acuerdo (tal vez que lo entregue con tanque lleno de gasolina, limpio, en fin).

Ambos deben tener clara la consecuencia en caso de que no se cumpla dicho acuerdo. Recuerda que eres responsable de lo que ofreces. Hablen de las consecuencias en el caso de que no se cumpla el pacto, pero asegúrense de que dichas consecuencias sucedan; de lo contrario, serán simples amenazas. Cuando amenazamos y no cumplimos lo que decimos, nuestra palabra se vuelve vaga; entonces, los acuerdos pierden fuerza.

El mayor reto es comenzar. Cuando no hemos sido claros y las dinámicas ya están establecidas, hay que recrear las relaciones. A lo mejor la persona con quien estamos no está dispuesta a respetar los límites ni adaptarse a tus peticiones. En ese caso deberás considerar si la relación funciona para ti en esas condiciones.

Cómo usar el lenguaje para poner límites

Para poner límites debemos activar las peticiones de las que hablamos. Éstas son extremadamente importantes, ya que constituyen el punto de partida de los límites. Al ser capaces de solicitar lo que queremos y necesitamos, la petición es la llave maestra del límite. Si la otra persona te dice que sí, ya existe un acuerdo o un compromiso. En caso de que el trato se rompa deberás pensar en la consecuencia. Baraja tus opciones. Recuerda que no se vale amenazar. Una vez que tienes un convenio, la relación se preestablece con un nuevo compromiso.

Esto generará una promesa que fortalece la relación. Si no acuerdan ninguna solución, es importante que pongas el límite que para ti sea razonable y cómodo. Tu responsabilidad es hacerte caso. Es esencial ser claro. Recuerda que un *sí* para el otro es un *no* para ti.

Ten en cuenta que:

- Para tener una vida sin límites tienes que poner límites.
- Tú eres el experto de tu vida.
- Al final, si no pones límites, estarás enojado contigo mismo y no con el mundo exterior.

- Eres el responsable de cuidarte a ti mismo para florecer.
- No te sientas con el derecho de agredir a los demás.
- Poner límites es sano y necesario.

A veces los otros también nos agradecen cuando ponemos límites sobre cómo aparecen en nuestra relación. Cuando les permitimos agredirnos, o exhibir su lado negativo, también terminan por resentirlo.

¿Cómo terminar una relación?

¿Qué pasa cuando terminamos una relación? ¿Qué pasa cuando dudamos si se habrá terminado la relación?

La relación seguirá mientras nos revele cosas acerca de nosotros; así como cuando el amor está presente y ambos se nutren y se enriquecen con los encuentros que se tienen. La relación probablemente terminó si prevale infelicidad, control, reclamos, aburrimiento y falta de evolución, o sigue adelante por compromisos sociales. Sólo las personas que participan en la relación saben realmente cómo se sienten. Es importante ser honestos. Cuando la relación termina, podemos honrar ese hecho o pelear por revertir su ocurrencia. Pero una manera sana de relacionarnos con esa circunstancia es entender que lo que venimos a aprender ya se logró.

¿Cuál es el fin de tener encuentros con otras personas, de tener amistades, de tener una pareja, etcétera? ¿Cuál es el fin de que se desvanezcan?

Si lo vemos desde una perspectiva espiritual, el objetivo es que estas personas se vuelvan nuestros maestros, nuestros espejos y nuestro amor. El fin es lo que venimos a aprender de ellos, como caminar del miedo hacia el amor; pero también es que nos permitan explorar dentro de nosotros una conexión profunda con otro ser humano y ayudarnos a conquistar nuestro ego y ponernos en una posición de sanación. Mientras más complicada se vuelva la relación, el reto de traer armonía a nuestro interior, a la relación, o al cierre de ésta, se vuelve más complejo. Esto sucede porque el ego interfiere y activa el sentirte ofendido, lastimado y engañado.

También es común que te ponga en posición de víctima: "Yo estoy bien, él está mal". Esa es la mayor trampa. Cuando terminamos una relación es importante observar quién participa: ¿nuestro ego, nuestra parte amorosa o nuestra parte espiritual?

- Si nuestro ego termina la relación = vives en actitud defensiva, de ataque, de enojo y de culpa.
- Si nuestra parte amorosa termina = salimos sin lastimar, escuchamos a uno y al otro y saldamos la relación en paz.
- Si salimos de la parte espiritual = vemos la relación más allá de lo aparente; reconocemos que esta persona vino a revelarnos algo en nuestro camino de vida; asumimos una perspectiva desde la cual descubrimos a un ser divino en nuestra ex pareja y lo vivido abona a nuestro crecimiento.

Cuando nos hallamos en un proceso de rompimiento, es un gran reto ver las cosas de esta manera. Explorarlas desde estas perspectivas requiere reflexión y autoobservación y un grado importante de conciencia. Sin embargo, es destructivo vivir las separaciones con enojo y victimización, pues nos consume la mente y nos lastima (a corto y a largo plazos). Además, se vuelve complicado porque, si no aprendimos lo que requeríamos de esa persona o de esa situación, ésta se presentará en nuestra vida una y otra vez hasta que seamos capaces de reconocer la lección más profunda que traía a nuestra conciencia.

Al reaccionar a lo aparente nos quedamos atrapados en el ego y repetimos patrones sin darnos cuenta de que nosotros también participamos de manera activa en todo lo que sucede. Sin introspección es imposible que exploremos, ya que caemos en las autojustificaciones y tendemos a buscar culpas en el exterior.

Desde dónde dar el paso

Terminar una relación se vincula con la intuición. Estamos acostumbrados a que nuestra cabeza nos hable sin cesar, lo cual puede confundirnos. Pero cuando se trata de terminar una relación, al único al que le puedes hacer caso es a tu corazón. Hay que escuchar la voz interior y lo que queremos vivir. Es fundamental mirar hacia el seno de la relación; detectar si estamos siendo auténticos e íntegros con nosotros mismos; si estamos comprometidos al cien por ciento. Si te faltas al respeto a ti o a tu pareja, si tu atención ya no está en la relación, y si no te sientes presente, probablemente es el momento de dar el paso.

¿Qué pasa cuando sientes que tu corazón aún está en la relación, pero el de la otra persona ya no? Cuando eso sucede, realmente tu corazón ya no está ahí. Lo que pasa es que te aferras a que aquél debería amarte o es un capricho. Los encuentros espirituales siempre están en sincronización. Cuando nos unimos para darnos —ya sea amor, tiempo o enseñanzas— estamos juntos. Cuando la persona terminó de darnos y enseñarnos, se retira. Si realmente la amamos entenderemos que es correcto que la relación se acabe, porque queremos lo mejor para ella. Cuando amamos incondicionalmente, queremos lo que ella o él quieran.

Amar no es un capricho. Amar significa entender que cada uno es un individuo y tiene distintas necesidades, sueños, vidas, emociones, sentimientos, opiniones; es dejar que esa persona sea y tome las decisiones que quiera.

Acepta lo que esa persona quiere en su vida. Querer y amar a alguien es muy diferente. Cuando quieres a alguien tu ego y tus necesidades están involucradas. Cuando esto sucede, la autenticidad de la relación desaparece. La persona deja de concebirse como un ser amado, y se vuelve un objeto que debe cumplir lo que uno desea.

¿Qué significa esto para ti? El significado que le damos a los hechos o a las personas es lo que nos puede hacer sufrir. Acuérdate que en *coaching* decimos que nada tiene mayor significado que el que nosotros le demos. La mayoría de las veces le otorgamos a los actos de otros significados tristes, dolorosos, personales y pobres. Usamos lo que hacen o dicen como herramientas para destacar dolores que cargamos.

Hay que evitar juzgar si una situación es mala o buena y etiquetar a la otra persona, a la relación o a nosotros mismos. Podemos neutralizar y aceptar la situación; buscar la manera más amorosa de actuar para nosotros mismos, para la otra persona y para el entorno. Cuando no tenemos un propósito de armonía, es fácil perder la integridad y destruir en lugar de enfocarnos en trascender. Entre más involucremos conversaciones mentales o nos resistamos a la situación, más nos lastimaremos y más trabajo nos costará reconstruirnos. Recuerda constantemente que el drama es opcional.

¿Qué haces con tus sentimientos de dolor y enojo? Primero que nada tienes que preguntarte: ¿quién tiene tu poder? Idealmente, la respuesta a esta pregunta siempre tendría que ser: *tú*.

Cuando das tu poder a los actos de otros, a la situación o a otra persona, te sientes atado, victimizado y sin posibilidades. Esto pasa porque no mantienes el autocontrol y piensas que otros deben actuar de determinada manera para que tú seas feliz.

A muchas personas nos han enseñado a reaccionar, desde que somos niños, con respuestas limitantes que poco a poco se han sembrado en la mente y que niegan la capacidad de vivir con claridad. En *coaching* no usamos palabras con cargas negativas (como traición y abandono), pues nos condicionan y provocan que los actos de otros se proyecten en nosotros como algo personal.

En la disciplina del *coaching* también entendemos que cada uno tiene su ámbito y que no podemos intervenir en el ámbito de los demás. Pero poseemos el poder de decidir quiénes queremos ser ante una situación determinada y frente a otra persona.

Tenemos el poder de decidir cómo queremos relacionarnos con lo que pasa, y la capacidad de aprender, de ampliar la perspectiva con la que deseamos ver la situación. El deber de cada individuo es ser íntegro, amoroso consigo mismo para exponerse ante una persona distinta de la manera que le funcione. Idealmente alineado a un propósito de paz.

¿Debo perdonar a la otra persona para seguir adelante? Ya dijimos que no debemos tomar los actos de otros de manera personal. Si nos ofendemos, tendremos un ego herido. Notemos que la otra persona actúa como debe hacerlo, según sus creencias y su visión del mundo. No actúa de manera consciente para lastimarte o para hacerte enojar; simplemente actúa como sabe hacerlo. En otras palabras, es muy probable que lo que hizo lo habría hecho a otra persona que hubiera elegido como pareja.

Puedes elegir sumirte en el drama y sufrir o seguir adelante. Muchas veces te darás cuenta de que, al final, no hay nada de qué perdonar. No obstante que Perdonar es la llave hacia la libertad.

Confianza

En nuestra sociedad la confianza se tiene que ganar. Pero en la pareja, nuestro compañero no necesita ganarse nuestra confianza; más bien, necesita saber que confiamos en él simplemente por el hecho de que nos brinda su presencia y porque tiene derecho a ella.

El grado en que nuestra pareja se sienta confiada por nosotros refleja la confianza que tenemos en nosotros mismos y ante la vida.

La integridad surge de tener confianza. Implica confiar en que algunas personas mentirán, serán infieles, actuarán de formas que no nos parecen correctas, pero confiamos en que todo estará bien y deberá suceder tal cual la situación lo requiera. Creemos y podemos reconocer que, aunque ahora no entendamos, nos rendimos ante el misterio de la vida y ante el hecho de que el universo actúa a nuestro favor. Confiamos en aprender la gran lección.

Es primordial que construyamos nuestras relaciones sobre una plataforma de bienestar. Construir el amor con esta seguridad crea la oportunidad de florecer. El amor sin plenitud no es nada. Si en una relación no existe la confianza, el amor se pudrirá. Esto pasa porque eventualmente el ego y la inseguridad se filtran en la relación. Si nos mantenemos en confianza el amor perdurará.

¿Cómo confiar en tu pareja después de una infidelidad? La infidelidad es un tema común. Es importante delinear qué significa para ti. Según el significado que le des, reaccionarás. No significa lo mismo para todas las personas. Si tu pareja fue infiel, no quiere decir que no te ame o que no desee estar contigo; pero ese es un asunto muy personal; sólo tú puedes decidir cómo relacionarte con esa situación. Si no vives tu relación con autenticidad, será más honesto terminar la relación.

¿Cómo desprendernos con amor? La relación más importante a lo largo de nuestra vida es la que tenemos con nosotros mismos. Lo que construyamos dentro de nosotros es lo que ofreceremos a los demás. Entonces, el amor, la congruencia, la lealtad, la paciencia y el hecho de honrarnos fluye hacia nosotros. Esto lo extendemos hacia los demás porque es una forma de ser propia. Si la otra persona no cumple un compromiso que tenía con nosotros tienes la opción de quedarte parado en tu integridad y desde ahí decidir cómo relacionarte con la situación. Si decides alejarte, asume una posición de inocencia, y distánciate de posiciones de amargura.

Ética e integridad

Recuerda que cada caso es diferente. Busca lo que es íntegro y ético en cada oportunidad. Reflexiona. Pensar antes de actuar y diseñar nuestro lenguaje y nuestras acciones es fundamental.

Sé leal contigo mismo. Respétate, ámate. Así, tus relaciones con los demás serán buenas. Si tienes guerras internas, comenzarás a crear lazos conflictivos, lo cual se volverá parte de tu diálogo. Finalmente, tu objetivo debe ser el bienestar. En otras palabras, la integridad es un círculo virtuoso; hay que ser íntegros para mantener orden y claridad fuera de nosotros.

Reflexiones sobre la vida en pareja

Una relación cercana está condicionada por lo que nos ha enseñado la cultura. Por ejemplo, las expectativas o el significado de tener una pareja. Operamos con lo que nos han dicho nuestros padres, la religión, etcétera. Idealmente, deberíamos ser capaces de no poner etiquetas a nuestras relaciones. Lo importante sería gozar al máximo de la presencia de la otra persona. Cuando esto no sucede, las relaciones se acartonan y las convertimos en lo que deberían ser, según los estereotipos preestablecidos El ego tiende a crear la confusión de que debemos poseer a la otra persona.

Muchos de nosotros cargamos dolor. Buscamos enamorarnos de alguien y hacemos de su presencia una cura. Al principio, la otra persona nos hace sentir bien. Pero al desvanecerse el enamoramiento, el dolor, el hecho de no sentirnos apreciados por nosotros mismos y nuestras inseguridades resurgen, proyectándose en nuestra pareja. Entonces, la basura que nos decimos se la decimos a nuestro compañero. Semejante situación termina con las relaciones. No reconocer que vivimos con estos sentimientos negativos complica el hecho de que tengamos una relación sólida. Es trascendental trabajar en nuestro interior para no buscar una pareja con un propósito terapéutico.

Pasos para terminar una relación

1. Asume la responsabilidad de la relación (¿Quién quiero ser frente a esta situación y cómo me quiero relacionar con ella?). Por ejemplo, si tu pareja ha estado con otra persona de manera íntima, reflexiona: "Quién quiero ser: ¿Amor? ¿Rabia? ¿Celos? ¿Confusión? ¿Ataque?..." La energía con la que te relaciones con este hecho, te convertirá en un tipo específico de persona. Tu lenguaje, tu actitud y tu comportamiento cambiarán según el contexto que elijas al relacionarte con esto. Una vez elegida una posición congruente con tu propósito de bienestar, sé curioso y no juicioso. Pregunta e indaga en el otro para tener información desde su punto de vista. No ataques. Analiza lo que sea legítimo para ti. A partir del hecho, establece un acuerdo que funcione para ambos y hónralo frente a la relación. Una vez hecho el compromiso, no vuelvas al pasado para recalcar lo vivido. Ahora bien, si decides romper la relación, sigue los siguientes pasos.
2. Elabora una lista de las razones por las cuales terminas la relación. Primero una con el nombre de la otra persona ("Mi

pareja es…"). Cuando la termines, léela, pero con tu nombre ("Yo soy…"). En otras palabras, "ponte el saco". No te alejes de la relación hasta que tengas claro qué te pertenece de todo lo que has criticado.

3. Reflexiona qué cambió en la relación para ti.
4. Mantén tu integridad (en mente, espíritu y emociones). Sé neutral (ninguno está bien o mal).
5. Empieza hablando de ti. No ataques a la otra persona. Ten curiosidad por lo que siente ella. Utiliza la retroalimentación.
6. Elimina frases como "me hizo", "me traicionó", "me abandonó", "me destruyó", etcétera, pues sólo te colocan en el papel de víctima.
7. Pide perdón, si es necesario.

Grandes lecciones

- Actuar con base en el amor hacia ti mismo, hacia los demás y hacia el mundo es lo único real.
- Aprende a elegir tus batallas.
- Aprende a generar acuerdos.
- Elimina creencias y genera nuevos aprendizajes de comunicación, con claridad e independencia.
- Tu gran reto es permanecer en paz.

Capítulo 6

Estar bien, solo o acompañado

¿Qué piensas sobre la búsqueda de amor, apreciación y aprobación? En general, creemos que éstas son las llaves para abrir la felicidad en el mundo. Relacionamos el amor con el romance, con una pareja sexual, con la intimidad, con la cercanía, con el matrimonio. De la misma manera, pensamos que ganar la admiración y la aceptación de los demás es la forma de ganar popularidad, una buena economía, vida plena y hasta nuestro éxito personal. Vivimos buscando fuera de nosotros lo que sólo nosotros podemos proveernos. Muchos no sabemos que podemos vivir una vida satisfactoria y feliz al margen de estas búsquedas si nos lo proponemos.

Lo irónico es que necesitar amor y aprobación de otros nos limita para experimentarlo. Las personas que viven en esta constante búsqueda no se dan cuenta que son amadas y apoyadas, que ya son queridas; y al no amarse y sentirse incompletos, se alejan de la posibilidad de compartir y de no tener que exigir.

Mientras más te alejas de ti, más difícil será llenar ese vacío, y mucho menos podrás darte cuenta y disfrutar el amor y lo que recibes. Todo lo anterior tiene que ver con la forma en que te relacionas con tus expectativas, lo cual determina lo que requieres de tus relaciones, y tu propósito de crearlas.

Tus pensamientos de lo que crees necesitar, crean un mundo y una identidad construida de cortinas de humo tras las que se pierde lo que es real. Si dedicas unos minutos para cuestionar y observar tus impulsos, podrás darte cuenta de que hay alguna creencia en particular que dispara tus sentimientos estresantes. Por ejemplo, lo que genera sentimientos de ansiedad por amor son pensamientos arraigados a una parte muy infantil de nuestra historia: "Necesito tu amor" o "Estaría perdido sin pareja", son ejemplos de que, además de generar ansiedad, pretenden guiarnos hacia el amor, cuando en verdad no son nada más que obstáculos. Nos invitan a tener pareja con base en el miedo y en la carencia, descartando la posibilidad de que puede ser mejor permanecer solteros.

¿Quién serías sin el pensamiento acerca de que tu felicidad depende de alguien? Para contestar esta pregunta, quédate quieto, cierra los ojos; visualiza un momento en particular en el que hayas experimentado profundo amor. Acuérdate qué sentías y qué pensabas. Regresa a tu cuerpo, a esa experiencia. Probablemente estabas en paz, durante una caminata, entregado a algo que te encantaba hacer; viendo cómo dormía un niño o sin hacer nada fuera de lo común; sólo conectado a una sensación de satisfacción y alegría.

¿Cuál es tu experiencia de amar? Cuando encuentres el momento, enfoca esta memoria hacia tu interior y experimenta las sensaciones que surjan con intensidad. En lugar de concentrarte en una persona que creíste que te daba la sensación de profundo amor, observa qué pasó dentro de ti. Considera la posibilidad de hacerte dueño de tu felicidad; si te lo permites, se revelará ante ti la alternativa de ser el dueño y el generador de sentirte bien. Esto comienza en ti y termina en ti. Lo otro es un reflejo de lo que llevas dentro.

Probablemente te darás cuenta de que lo que buscas es amar, lo cual se hace en todo momento, pues es una manera de vivir. Tu búsqueda no tiene que estar dirigida a una persona en particular; puedes generar que tu contexto de vida surja de esta sensación.

¿Qué pasaría si sueltas la necesidad de sentirte querido, aceptado o reconocido? Por ejemplo, digamos que sientes que tu pareja no te ama. Al parecer no te pone la atención que quieres. Sientes el impulso de hacer algo para llamar su atención. Si miras hacia lo profundo, tal vez identifiques que haces algo por recibir amor.

"Necesito el amor de una pareja." Dale la vuelta: "Necesito amor por mí". Después de cambiar la dirección del pensamiento, indaga si la nueva posibilidad es más cierta que tu pensamiento estresante. La mayoría de las veces reconocerás que al darle vuelta al pensamiento éste se vuelve cierto, o por lo menos te devuelve a tu ámbito, en el que tienes poder y decir. En este caso podrías afirmar: "La verdad es que no me siento cómoda al tener que exigir el amor de otros". Cuando piensas que necesitas amor para ti, podrás hallar ciertas opciones para procurarte bienestar. Por ejemplo: "Podría ser más amorosa conmigo si me conecto con mi espíritu y confío más en mí".

Cuando le damos la vuelta hacia nosotros a un pensamiento que ataca o reclama a otros, se nos abre un sinfín de posibilidades. Es importante entender que existen tantas interpretaciones como personas en el mundo para un mismo evento.

Nosotros tenemos el poder de calificar algo como *bueno* o *malo*; esto es un gran parteaguas de cómo vivimos. Cuando estamos en una situación que no nos gusta, es importante buscar razones por las cuales puede ser adecuado vivir ese momento. Tal vez te sorprenda el alivio que sientes al abrir tu mente a la posibilidad de que lo que estabas convencido de que era terrible y no es tan malo después de todo, encuentra el equilibrio en todo este pasaje a la serenidad. Plantearlo así nos ayuda a eliminar pensamientos que nos hacen sufrir cuando terminamos una relación, al estar solteros y al elegir vivir solos. Darle la vuelta a los pensamientos abre espacios. Hacerlo nos deja ver cómo funcionarían las cosas de una nueva forma, más allá de lo que habíamos considerado al defender una posición determinada.

En verdad es un reto vivir con pensamientos que terminan agotándonos, porque necesariamente operamos de un contexto de carencia.

Dale la vuelta al pensamiento original hasta que encuentres las posibilidades que le den sentido para tu bienestar.

Pongamos unos ejemplos:

"No le importo a nadie."

Lo volteo hacia mí: "Yo no me importo (porque no me importo cuando vivo una guerra interior; cuando no tengo paz mental; cuando asumo una actitud hostil; cuando me convierto en mi enemigo; cuando genero estrés y tristeza; cuando adquiero comportamientos adictivos, como comer o fumar)".

Lo volteo al contrario: "Sí me importo (porque me amo, aunque algunas veces me alejo de ese amor que me profeso)".

Lo volteo hacia mis pensamientos: "A mis pensamientos no les importo (porque cuando tengo este tipo de ideas dejo de importarme y toda mi atención está en otras personas)".

Ahora pregúntate: ¿cuál de estas nuevas versiones del pensamiento parecen más ciertas. Encuentra tres razones por las cuales son genuinas.

Reflexiona: ¿cómo reaccionas cuando crees que necesitas el amor de los demás? ¿Te alejas al sentirte bien contigo? ¿Vives una vida inauténtica y te da miedo depender de otros para ser feliz? ¿Por vivir con estas creencias no has desarrollado la idea de ser feliz solo, de alcanzar una vida de realización independiente, en el ámbito material y espiritual?

Esta es una prisión que nosotros mismos nos imponemos porque asumimos posiciones desde las cuales no permitimos sentirnos amados; adoptamos las creencias exteriores para buscar una pareja y nos alejamos de nuestro centro personal.

Ejercicio

Cuando lo que buscamos es la aceptación de los demás:

- ¿Qué impresión trato de mostrar o de ocultar?
- ¿Quién sería yo sin los pensamientos que me rigen? ¿Debo ser de determinada manera para ser aceptado?
- ¿Qué siento cuando necesito ser aceptado o valorado por alguien o algo en el exterior?

Si estás en una relación de pareja, pero no te sientes honesto ni satisfecho, analiza lo siguiente:

- "Tengo miedo de que ________________ piense que soy ________________ y después ocurra________________."

- "Tengo miedo de que no le importe y suceda ______________
______________."
- "Me da miedo que se termine la relación y que pase ______
______________."

Desarrolla:

- ¿Qué piensas acerca de las consecuencias imaginarias?
- ¿Cómo reaccionas cuando crees que estos pensamientos son verdaderos?
- ¿Quién serías sin estos pensamientos? ¿Qué harías mañana?
- ¿Qué sería lo más auténtico para ti en este momento?
- ¿Qué te ancla a la realidad o a tus pensamientos?

La transformación

Como vimos, en el plano físico la vida es simplemente un montaje. Para cumplir nuestra misión tenemos que experimentar las emociones. Por ejemplo, para transformar la energía de víctima y miedo debemos sentirnos totalmente victimizados. En otras palabras, experimentar en su totalidad la experiencia de ser humanos con todos sus matices para trascenderla.

Desde esta perspectiva, una persona atada a sus emociones, a sus reclamos, a sus apegos etcétera, tiene la misión de transformar su energía en el plano terrenal.

Juzgar es una de las raíces de nuestros problemas. Aun cuando liberamos a los demás de nuestros juicios y los soltamos, es difícil dejar de juzgarnos a nosotros mismos. Incluso, nos juzgamos sólo por juzgarnos. Nuestra evolución espiritual depende en gran medida de eliminar la miopía para ver más allá de lo aparente en nosotros y en otros.

Mientras sigamos atrapados en el pasado, condicionados por nuestras ideas mentales, no saldremos adelante. Esa circunstancia absorberá nuestra energía.

El diálogo interno dará la respuesta a la forma como reaccionamos. Al relacionarnos con otros a partir del miedo, la inseguridad y la carencia, propiciamos enfermedades físicas y espirituales. La claridad se vuelve inalcanzable y el juego de la vida se torna pesado y serio a la vez.

Al despertar de los trances sociales y culturales en que nos tienen atados estas conversaciones tendremos mayor libertad para elegir si nuestro camino habremos de andarlo con una pareja o solos. La decisión que tomemos tendrá que ver con lo que venimos a aprender en la vida.

Así que, solos o acompañados, nuestra misión es la misma: aprender a estar en paz con nosotros mismos, realizados con nuestra relación personal, compartiendo con otros, pero sin etiquetas, sin juicios ni dogmas mentales que inhiben la magia y el bienestar de cada momento.

Capítulo 7

Reaccionar vs. escuchar. Nuestra manera de interpretar

Cuando las personas o las circunstancias nos pican los botones, fácilmente podemos creer que la vida está en contra de nosotros. Adoptamos un guión de martirio; imaginamos que la vida nos engaña y nos ataca, o que para nosotros hay limitantes, cuando en realidad la vida es neutral. Las oportunidades son para todos y el universo es un espacio de infinitas posibilidades.

La vida no es nuestra enemiga. La persona que nos invita a reaccionar es sólo una persona; la situación es una situación. Nos referimos a ellos como enemigos debido a nuestra incapacidad de entender y aclarar nuestra sombra interna, la cual proyectamos en ellos.

La división entre la otra persona y tú ya no está presente, porque aunque el otro es un individuo se convierte en el reflejo de tu estado interior. Entonces te das cuenta de que elaboraste esta lección espiritual para tu vida porque tu ser esencial debía sanar y usas esto para extraer de ti lo que cargas en tu corazón. Gracias a esto, puedes ver lo que llevas dentro.

La próxima vez que tu pareja se despierte de mal humor, en lugar de reaccionar por frustración, siéntate y observa *tu reacción* para saber en realidad qué la provoca. Ten la voluntad de buscar dentro de ti. Crea conciencia de que la emoción viene de ti y de que las otras personas no tienen el poder de hacerte sentir de determinada manera si tú no se los permites.

Observar tus reacciones te ayudará a cambiar tus respuestas por unas que se alineen con el objetivo de atraer algo nuevo a tu vida, que vaya de la mano de la fuerza y el bienestar. Es así como rompemos patrones y dinámicas disfuncionales. Y así también hacemos una elección importante: decidimos si alimentamos en nosotros la luz o la oscuridad que viene con los condicionamientos emocionales de atacar, adormecer nuestra energía y agredir verbal o corporalmente.

¿Deseas que las personas sean diferentes?

Pensar que una persona debería ser otra persona que no es, sería como decir que los árboles deberían ser el cielo. Si entendiéramos esto con profundidad, seríamos libres.

No estar cómodos es una señal de que vivimos desalineados con nuestro camino espiritual. El reto es evitar culpar, pues hacerlo enceguece el mensaje e impide curarnos. Cuando no somos capaces de abstraernos del sufrimiento, atraemos cada vez más incomodidad a nuestra vida hasta que nos queda claro que algo profundo está en juego. A veces el mensaje tiene que ser muy fuerte, o el dolor extremamente intenso, para poner atención. ¿Te ha sucedido? Todo comienza como un murmullo; pero al no estar conscientes terminamos inmiscuidos en grandes crisis. Lo interesante aquí es hacer de cualquier situación una serie de grandes oportunidades.

Mucha de nuestra energía la gastamos tratando de probar que nuestras creencias son ciertas y que tenemos la razón. Nuestra incapacidad de adaptarnos a lo que se coloca frente a nosotros consume el poder de nuestra felicidad y de vivir en armonía con lo que se nos presenta.

Al cambiar nuestra percepción, las cosas cambian automáticamente, y lo conseguimos a través de las preguntas que nos planteamos.

En general, estamos acostumbrados a cuestionan: ¿qué está mal conmigo, con la situación o con el otro? ¿Por qué él o ella son así? ¿Por qué yo soy así?

Para cambiar la conversación en una dirección distinta, tenemos que modificar las preguntas: ¿qué es adecuado en esta circunstancia? ¿Qué sería importante que pudiera soltar o entender? ¿Cómo puedo modificar lo que percibo para aceptar lo que hoy vivo?

El gran reto es dejar ir las emociones (inseguridad, miedo, ansiedad, ambivalencia, duda, y tristeza). Pero a través de la reactividad emocional renunciamos a ver con claridad y respondemos con inmadurez emocional y no con inteligencia y sabiduría.

En el silencio aparecen las repuestas y lo que es real. Estamos acostumbrados a que el exterior nos provoque para reaccionar.

A lo mejor en el pasado, cuando hemos sentido ansiedad, comemos o nos automedicamos de alguna manera. Si nos sentimos enojados, explotamos. Sentémonos a observar nuestras emociones y nuestros pensamientos; en un principio puede ser extraño, pero así aprenderemos las lecciones básicas de ser conscientes. Al presenciarnos con serenidad reconocemos quiénes somos, de qué somos capaces y también cuáles son nuestras fortalezas.

Cuando aprendemos a convivir con nuestras emociones, éstas ya no nos abruman. Al aceptar y al ceder (lo cual es diferente a resignarnos), entendemos que el dolor es simplemente dolor. Si es molesto, está destinado a ser. Sin embargo, al no alimentarlo, el dolor se transforma en sabiduría. Madurar es la consecuencia de comprender y apreciar las emociones. Ser sabio implica que tu capacidad de compasión crezca por ti y por tu entorno.

Amor incondicional

¿Qué es el amor incondicional? Es amar a un ser independientemente de sus virtudes y sus defectos. El amor no se restringe; sencillamente se ofrece como algo natural del ser humano. Nos amamos porque existimos, por ser parte de un todo, al margen de nuestras ideas. Amamos porque sabemos que lo único real es el amor.

Amar no tiene que ver únicamente con los seres humanos, sino con los animales, los objetos, la naturaleza. Implica dar amor puro, sublime. Cuando se ama incondicionalmente, no importa si uno se equivoca, si está en la senda del mal o del bien; uno se ofrece dispuesto a no abrir su dualidad por calificativos del exterior. Cuando amamos debemos abandonar nuestros caprichos y nuestras expectativas para ofrecer lo que sentimos inclusive a lo que no nos gusta o a lo que no entendemos.

Cuando tu amor está en constante cambio ("Te amo", "No te amo", "Sí te amo", "Ya te amo", "No, no te amo"), siempre serás tú quien esté en medio, no tu pareja. Así que siéntate, cuestiónate y sé completamente honesto contigo y con tus respuestas y observa cómo tu inestabilidad de dar o recibir amor proviene de ti. Tu infelicidad es tuya sin excepción. Decide eliminar resentimientos o reclamos que cargas en tu organismo, sentimientos que te desequilibran, pues lo natural es amar.

Por ejemplo, si alguien sale de tu vida, tienes dos opciones: verlo como que te abandonó o como que cumplió una misión en tu vida. La segunda opción te concede poder, mientras que la primera te coloca en la silla de la víctima y te causa dolor. Me llama la atención cómo el hecho de elegir una palabra o la otra crea tan diferentes realidades. Ese es el poder del lenguaje. También reflexiona si la relación se terminó porque tú no tuviste la capacidad de amar al otro y fuiste una pareja complicada. Si no haces ese balance, lo más probable es que justifiques el fin de la relación sin entender que tienes la capacidad de ser una persona amorosa con quien relacionarse vale la pena.

Deshacernos de nuestras historias, declaraciones o interpretaciones es un trabajo que todos debemos emprender, porque de cierta manera forma parte de quienes somos. Nos da miedo dejarlas ir, pues sentimos que perdemos identidad. Sé tierno, amoroso y aceptable contigo mismo. No te critiques ni te juzgues por tener ciertas ideas, creencias y actitudes o por no poseer la voluntad de dejarlas ir. Es en la aceptación donde todo pierde importancia y se emprende el camino a la claridad. Sé amable y date tiempo para liberarte.

A reflexionar

Hasta que nos volvemos conscientes, las cosas que vivimos las relacionamos en función de patrones antiguos. Filtramos la realidad de acuerdo con lo que percibimos, y ésta se vuelve la única verdad para nosotros. Por ejemplo, si sentimos dolor, tendemos a etiquetar la realidad como negativa. Al hacerlo, permanecemos con un malestar (lo mismo hacemos con los sentimientos de tristeza, enojo, perdición o cuando nos sentimos despreciados). Nuestras elecciones son resultado de años de haber sido domesticados: desde que éramos niños fuimos programados para actuar y para reaccionar hasta que nos perdimos en "así soy".

Ejercicio

Para lograr un nuevo comportamiento, para crecer y evolucionar, debemos romper patrones antiguos. Una manera de hacerlo es implementando en nuestra vida la práctica de la suspensión.

Esta práctica sin duda es una de las herramientas más poderosa del *coaching*, pues abre la puerta a un cambio. Se trata de abstraerse de una situación para crear un espacio y escuchar una nueva posibilidad. Consiste en apretar el botón de pausa para ver de lejos los pensamientos hasta que disuelven el poder que tenían en nosotros. De esta forma, dará paso a nuevas posibilidades de acción. También consiste en encontrar un espacio en blanco para actuar alineado a nuestro poder y con la capacidad de mostrar autocontrol y en entender que la no reacción implica una bendición. En *coaching* ponemos atención al hecho de que en muchas ocasiones la acción correcta es la no acción.

Cuando nos abstraemos de alguna situación, abrimos el espacio para escuchar. Permitimos el silencio para guiarnos y avanzar; entonces regresamos al propósito desde el cual podemos diseñar nuestra vida.

Abstráete como puedas en ese momento; retírate del espacio, calla, enciérrate. Al principio sentirás una gran necesidad de reaccionar porque biológicamente nuestro cuerpo está condicionado para el ataque, pero ahora sabemos que nuestras reacciones crean una dinámica que hoy queremos cambiar. Así que, como les digo a mis estudiantes, si es necesario pónganse un calcetín en la boca y enciérrense en el clóset; hagan lo que sea necesario para domar la inquietud que llevan dentro. Aléjense el tiempo necesario para regresar a la situación a partir de un lugar emocionalmente válido y con una estrategia en mente con la que hayan visualizado que quieren conquistar y, si es posible, que esta estrategia sea congruente con el amor.

Capítulo 8

Cuando no me siento suficiente

Cuando sentimos que no somos suficientes o no merecemos, evaluamos lo que otros hacen o cómo actúan a partir de esta creencia. A veces creamos una personalidad de grandiosidad y autoritarismo para compensar nuestro sentimiento de superioridad. Como resultado, tratamos a los demás como si fueran menos. Pretendemos ser mejores, pero en realidad padecemos una falta de amor propio.

Esta creencia nos impide sentirnos merecedores del amor de nuestra pareja, dejándonos siempre hambrientos de más, o insatisfechos. Nos colocamos en posiciones de inferioridad y nos alejamos de nuestro espíritu.

Muchos de nosotros tenemos tantos años invitando a esa creencia, que la hemos incluido en nuestras conversaciones y en nuestros actos de manera inconsciente; entonces, ni siquiera nos damos cuenta de que está ahí. Se ha permeado en lo que vivimos; lo peor de todo es que no nos hemos brindado la oportunidad de preguntarnos si habría otra manera de vivir y de sentir la vida que nos colocara en un lugar más feliz y apegados a quienes somos en verdad.

Cuando crees que no eres suficiente o merecedor de las cosas buenas de la vida, está en juego alguno de los siguientes aspectos:

- Vives con estrés y a la defensiva.
- Te alejas de la gente a la que amas.
- Te distancias de la claridad y de lo que es real.
- Dejas ir oportunidades y no cierras ciclos.
- Te maltratas a ti mismo y a los demás.
- Tu leguaje se debilita.
- No tomas acciones efectivas.

A lo mejor hoy te das cuenta que al vivir devaluándote aparece una distorsión. El ser humano, al creer algo de sí mismo, sale al mundo de manera inconsciente para confirmar que aquello que piensa sea cierto; cuando provoca eso, no asimila *su poder de creación*, sino que reafirma que las cosas resultaron de determinada manera, lo cual refuerza su creencia y piensa: "Efectivamente, las cosas no salieron bien porque no soy suficiente".

Gravitamos en torno de las realidades que nos sumergen en lo que creemos que es verdadero; una y otra vez, observamos cómo las cosas no salen como deseamos, pues no somos merecedores de que ocurra de esa manera. Cuando tomamos estas posturas normalmente atraemos lo que quisiéramos evitar.

Una vez que poseas mayor conocimiento acerca de cómo funcionan las creencias, imagina cómo sería tu vida si fueras libre de toparte con los obstáculos limitantes que generan. El objetivo es experimentar cómo sería tu vida si te sintieras completo: libre de creencias. Visualiza lo que sientes, cómo te relacionas contigo y con la gente que te rodea y descubre las nuevas posibilidades que se abren ante ti.

No busques otra creencia que pueda sustituir las creencias negativas que te lastiman. Por un rato, vive en el espacio que se abre cuando las creencias limitantes anteriores no están. Pretende que no tienes la habilidad de entrar en esas conversaciones de autorechazo, victimización y defensa.

Piensa y describe: ¿cómo vivirías lo anterior? ¿Cómo serías tú con tus relaciones futuras? ¿Identificas cómo cambia un ser humano y su entorno cuando lo imbuimos de creencias?

Tenemos el poder de decidir en qué momento creamos una nueva realidad...

Tú eres el que se lastima o el que decide quién y cómo es cuando crees que las conclusiones a las que llegas son ciertas. Esta es una muy buena noticia: quiere decir que no tienes que hacer que alguien más te deje de lastimar. Más bien tienes el poder de decidir en qué momento *tú* dejas de sufrir.

¿Por qué encontramos parejas que no nos valoran? Las personas actúan y nosotros les asignamos el juicio que va de la mano de nuestras creencias. Nada de lo que otros hagan significa nada. Pero si llegas a la conclusión de que no te valoran, buscas tu valor en lo que otros hacen o dicen. Tu valor te lo das tú; nada en el exterior tiene ese poder.

Las relaciones y el amor

Existen dos ideas falsas sobre el amor. La primera es que tienes que manipular a los otros para obtenerlo. La segunda es que el amor consiste en obtener lo que quieres. Con una pequeña investigación interna puede ser que te des cuenta de que ninguna de estas posturas funciona.

Las relaciones que están establecidas sobre estos parámetros son complicadas y se obstaculizan a cada paso. Sé honesto hoy en tus relaciones; disponte a amar desde la libertad. Lo único real es el amor, pero muy pocos entendemos que para amar debemos soltar lo que nos estorba para llegar a un punto de tal vulnerabilidad que dos almas se puedan tocar.

La relación que más influye en ti es la que tienes con tus pensamientos. Esto no cambia si has estado casado por veinte años y tienes seis hijos, o si eres soltero y sales con distintas personas, o si eres divorciado, solitario o mantienes cualquier tipo de relación. Un corazón abierto no es posible sin una mente abierta y clara.

Las creencias limitantes nos invitan a estar en control

Cuando mi postura nace de creencias limitantes, lejos de amar necesito controlar, lo cual me aleja de mí y del otro.

Entonces, evalúa si estás en control; si alguno de los siguientes aspectos están en tu relación:

- ¿Podrías ver a tu pareja sin llevar un conteo de las cosas buenas y malas que hace? ¿Te preocupa si algo que hizo tu pareja quiere decir que te ama o no?
- Si no hiciera lo que tú requieres, ¿estarías en paz?

- ¿Podrías aceptar que no lo hizo porque estuvo bien para ella actuar así en ese momento?
- En caso de que no lo entendienda, ¿podría preguntarle con base en la curiosidad y no en el juicio?
- ¿Tomas sus actos de manera personal?
- ¿Estarías bien si lo que exiges de ella lo hicieras tú?

Si soltamos el control, probablemente notaría que lo amo; me concentraría en mis actividades. Sería una persona mucho más tranquila. Estaría agradecida de tenerlo en mi vida. Me gustaría más vivir conmigo y con él.

Así que: si te amo, haré lo que quieras, mientras sea honesto y sea acorde con mi propósito. Cuando estoy en esta posición, los dos estamos de acuerdo y las cosas son más fáciles; puedo escucharte; estar para ti cuando me necesites. Cuando ganar o perder ya no es importante para mí, yo soy quien se beneficia.

Piensa: "Me he dado cuenta de que darte me hace feliz; y tomarme en cuenta también. Cuando te doy lo que quieres, como ir a los lugares que te gustan —aun cuando pienso que no me interesan— aprendo mucho de ti y de mí. Hay mucho de tu vida que no he descubierto, porque mi mente ha gobernado mis posturas. Sería fascinante hacer las cosas que hasta ahora he decidido que no son para mí, sólo para saber qué se siente. Aprendo mucho de ti sólo con escucharte con la mente abierta".

Una mente clara

La mente clara no entra en los calificativos de no ser suficiente o no ser merecedor. Un ser humano no puede ser evaluado por esto. Imagina un cunero con bebés recién nacidos. No caminamos señalándolos y diciendo: "Este bebé no es merecedor" o "Este bebé no es suficiente". Suena absurdo. Entonces, ¿por qué etiquetarnos así? Lo terrible es que cuando decidimos creer una de estas posturas, se vuelve el ancla con la que vivimos. Invaden decisiones, acciones y reacciones. Libérate de la conversación de insuficiencia. Los seres humanos no somos *no suficientes* o *suficientes;* simplemente somos seres completos, luminosos, con muchas posibilidades que podemos aprovechar para nuestra realización.

Ejercicio

Haz un plan de acción de lo que hoy harías fuera de las creencias: "No soy suficiente" y "No soy merecedor".

1) ¿Qué pedirías (a ti mismo y a otros)?

2) ¿Qué compromisos y qué promesas disolverías y cuáles establecerías?

3) ¿Qué límites pondrías a ti y a otros?

4) ¿Qué acciones llevarías a cabo esta semana?

5) ¿Cuál sería el cambio más significativo en tu vida?

Capítulo 9

Enamorarse y amar

Enamorarte es una experiencia poderosa. Es el momento en que dejas de buscar. Entonces se dispersa la inquietud porque crees que encontraste lo que tanto esperabas. No existe la necesidad, el esfuerzo ni la desesperación. Te sientes querido y feliz.

Este descanso tan esperado, la sensación de sentirte adecuado y a salvo, aparentemente proviene de la otra persona, cuando en realidad viene de ti.

Cuando pensamos en la primera persona de la cual nos enamoramos, tiempo después caemos en la cuenta de que no teníamos mucho que ver con ella. A lo mejor, años después, la encontremos de nuevo y no entendamos lo que veíamos en esa persona. En el pasado hubiéramos hecho todo por ella; inclusive sufrimos por su amor, pero ahora agradecemos que la relación terminó.

Entonces, si el amor no proviene de la otra persona, ¿qué nos hace sentir así?

La respuesta es ésta: la experiencia surge a través del significado que le das a la otra persona. Lo que te hace sentir de una u otra manera es la capacidad que tiene tu historia para despertarte emociones que provocan un revuelo en el cuerpo.

Durante esta etapa, en la que apenas conocemos aspectos del otro, entramos en un mundo ilusorio en el que una persona magnifica las cualidades positivas de la otra. Creamos un estado de embelesamiento interior constante que suele ir de la mano de la sensación de enamoramiento.

Se trata de un proceso originado en la corteza cerebral, continúa en el sistema endocrino y se traduce en respuestas de tipo fisiológico que invaden el sistema nervioso, secretando hormonas cerebrales. Este procedimiento implica la intervención de múltiples elementos. Cuando conocemos a alguien y nos atrae, se echan a andar reacciones químicas y psicológicas. El fenómeno es prácticamente inmediato y ciertamente involuntario.

Varias investigaciones han demostrado que cuando mujeres y hombres están en plena etapa del enamoramiento, existe un aumento en la actividad cerebral relacionado con la energía y la euforia, justo en el lado derecho del cerebro, donde se concentran niveles altos de dopamina.

La dopamina es la sustancia encargada de los sentimientos de satisfacción y placer; por lo tanto, es la causante de las sensaciones del enamoramiento.

Las etapas del enamoramiento son las siguientes:

- *Deseo.* Predomina la testosterona; por eso se incrementan las ganas de tener contacto sexual.
- *Atracción.* Aquí tenemos presentes a la dopamina y a la norepinefrina; entonces se desarrolla la etapa de euforia y romance.

- *Vínculo*. Hay presencia de oxitocina y vasopresina, por lo cual la relación se vuelve estable y segura.

Al comenzar este proceso, algunas de las características que experimentamos son éstas:

- Intenso deseo de intimidad y unión física (tocar, abrazar, besar e incluso tener relaciones sexuales).
- Profundo anhelo de reciprocidad (necesidad de que la persona también se enamore de uno).
- Intenso temor al rechazo.
- Pensamientos frecuentes e incontrolados que interfieren en nuestras actividades.
- Pérdida de concentración.
- Fuerte activación fisiológica (nerviosismo, aceleración cardiaca, etcétera) ante la presencia (real o imaginaria) del individuo.
- Hipersensibilidad ante los deseos y las necesidades del otro.
- Atención centrada en el individuo.
- Idealización del individuo, del cual sólo se perciben las características positivas.

La atracción física y el enamoramiento tienen estas cualidades inconscientes e inexplicables, pero sólo a los ojos de quienes los experimentan y en lo cual involucramos los sentidos (la vista, el olfato y el sistema sensorial). Esto despierta una necesidad imperiosa de acercarnos a la otra persona. Y a veces se siente un magnetismo irresistible.

Ese sentimiento tan maravilloso no lo genera lo sexy o lo asombrosa que es la otra persona. Es uno mismo quien recrea esa emoción. Alguien nos puso un espejo enfrente y nos enseñó nuestro corazón, así como la gran capacidad de entregarnos como seres humanos.

Diferencias entre amor y enamoramiento

Amar viene de la mano con el hecho de madurar. Llega con la relación y se caracteriza por la entrega y la aceptación, y por la unión profunda de dos seres humanos. Sus ingredientes son paciencia, comprensión, apertura, complicidad. El amor verdadero se fundamenta en la realidad, trasciende la idealización y con el tiempo tiene la capacidad de desarrollarse de manera estable.

Cuando amas a una persona te relajas, haces menos esfuerzo para complacerla y maravillarla. Mientras menos forzadas sean las cosas, el amor tiene mayor fluidez. Permitirte amar con base en la libertad te ayuda a que ames a todos los que conoces y a cualquier cosa que se te ponga enfrente. Quizá pienses que tu felicidad se debe a que te relacionas con una persona que te hace sentir que eres la indicada. Pero la verdadera felicidad que experimentas se funda en el hecho de que regresas a tu ser al margen de miedos y juicios. El amor siempre está, pero lo encubren ideas, inseguridades y conversaciones sociales.

¿Cuánto tiempo dura esa alegría? Dura mientras pensamientos negativos o dolorosos no invadan nuestra mente.

Algunos ejemplos de los pensamientos que acaban con nuestra felicidad son los siguientes:

- "¿Qué pasa si realmente no me ama?"
- "No me quiere. No me escucha."
- "No debió haber hecho eso."
- "Me gustaría que cambiara."
- "Estoy enojado por lo que hizo…"

Muchos de nosotros hemos caído en estas conversaciones. De una u otra manera, nuestra felicidad desaparecerá si está basada en nuestras expectativas sobre la otra persona. Con la madurez, uno logra conectarse con su capacidad de vivir amando.

Es común creer que para amar, o para escapar de la soledad, depende de que encontremos una pareja especial. Esta es una creencia antigua que tiene que ver con nuestros antecedentes, cuentos históricos, religiosos y mitológicos. Incluso, nuestras sociedades están organizadas para vivirse en pareja y no en comunidades. Esto requiere una reflexión. Muchas de nuestras costumbres pasan de generación en generación y las adaptamos desde que somos pequeños. Si disolvemos dichas conversaciones estructuradas, podremos sentir amor en pareja o solteros. Cuando nos damos cuenta de que tener pareja o no tenerla da igual, entendemos que ambas situaciones son ideales. Finalmente, los dos son caminos para sumergirnos en el amor.

Así, el amor es una manera de vivir, de estar, de sentir. Aprendamos esto como humanidad y trascenderemos la separación aparente entre unos y otros; seremos libres para amarnos como seres humanos. La conexión, la empatía y la conexión con todos los demás será evidente y se disolverán las etiquetas, las maneras de vivir en la separación. Nos daremos cuenta de que realmente a todos nos une el amor.

Ejercicio

¿Puedes recordar una relación de pareja o el momento en que terminaste una relación o tu estado de soltero y sufrido por alguna de estas situaciones? Si recordarlo te aleja del amor, es importante sanarlo para que dentro de ti desparezca el desamor que proyectas hacia esa persona o hacia esa situación

Reflexiona: ¿qué te enoja, te confunde o te entristece? ¿Qué te tendrías que hacer para moverte de esta sensación al amor? ¿Estás dispuesto a comenzar a vivir con base en el amor?

Amarte a ti, y a todos tus semejantes. Es parte fundamental para encontrar el verdadero propósito de tu andar por la vida.

¿Hay alguna razón por la que te quieras quedar con tu enojo?

Ahora elige: ¿quieres tener la razón o quieres ser feliz?

Capítulo 10

El ego y la pareja

El ego representa la falsa identidad de cada uno de nosotros, algo que se contrapone a nuestro espíritu. Nos aleja de la esencia de nuestro ser. Somos un fragmento de lo divino, pero dejamos de reconocerlo cuando nos identificamos íntimamente con él.

Como ya vimos, nos parece obvio que estemos inmersos en el mundo físico, porque abrimos los ojos y vemos todo lo relacionado con nuestra pareja muy presente; etiquetamos lo que está afuera, evaluamos lo que vemos y enjuiciamos a las personas. Cuando el ego domina al ser, se produce una sobreidentificación con el mundo aparente, y nuestras posturas negativas hacia la pareja perecen reales.

Tu ego será tan astuto como sea tu evolución y tu desarrollo en el camino espiritual. El ego se volverá inteligente para engañarnos, para volverse ese impostor que se adueña de nosotros y de nuestra vida. Por eso, cada vez debemos estar más alertas para sorprenderlo, porque cuando menos lo esperamos estamos a su merced. Cuando menos lo esperamos nos hallamos otra vez en guerra y nuestra pareja es el objetivo de ataque perfecto por su cercanía a nosotros, por su confianza y por la confusión que nos provoca no saber qué significa compartir nuestro amor con el otro.

Me doy cuenta de que opero desde el ego cuando lo que me impulsa a actuar o a hablar es una sensación que nace con base en el temor y la vulnerabilidad; entonces me siento víctima y ataco.

Cuando el ego se apodera de nosotros, detectaremos guerras por poder en la relación. Examina si alguno de estos puntos están presentes en tu relación:

1. *La necesidad de tener la razón o estar en lo correcto.* Cuando creemos estar en lo correcto y defendemos nuestras posturas con creencias sociales o morales, tenemos el impulso de defendernos a cualquier costo. Nuestro ego nos dicta que en ese conflicto sólo uno puede ganar. Minamos a la otra persona para hacer triunfar nuestras posturas. Nos alejamos de nuestra virtud espiritual, donde ambas partes pueden tener su propia verdad y encontrar un terreno común con nuevos acuerdos, lo que sería ideal. Esto puede ser muy sutil; hasta llegamos a creer que la relación ya no funciona porque ha cambiando nuestro sentimiento inicial, en vez de replantear los acuerdos. Recabamos evidencias que fortalecen nuestra sensación, que nos alejan de la pareja, con el fin de asegurar que tenemos la razón. Lo dicho consume la relación.

   Para identificar si actúas con base en el ego en una relación, evalúa si estás atacando, juzgando, defendiéndote o queriendo cambiar al otro en lugar de rendirte a lo que es y trascenderlo para decidir, desde esa posición, cómo quieres plantear la relación o si deseas retirarte y hacerlo con base en el amor.

2. *La necesidad de cambiar al otro con el fin de ser feliz.* Esta es una gran ilusión, porque no tenemos poder sobre otro ser humano. Controlar es la manera en que el ego nos garantiza seguridad, pero tiene sus tentáculos operando con base en el miedo, en el temor a depender de los actos del otro para estar bien. Esta es una de las trampas más comunes y constituyen un enorme obstáculo para lograr la claridad en la relación. Pero si estamos bien con cualquier situación, el control se desvanece y el poder real vuelve a nosotros. Con base en esta fuerza podemos terminar con la relación, si esto es lo que se alinea con nuestra autenticidad, o modificar nuestros pensamientos para estar en paz.

3. *La necesidad de vivir distraídos.* Cuando el ser humano debe confrontarse consigo mismo, con la responsabilidad de su vida, y con la idea de su propia muerte, en gran medida siente vulnerabilidad. Por lo tanto, como un mecanismo de defensa, el ego busca distracciones. Así, se aleja de los grandes retos abstraído en los correos electrónicos, la moda, la televisión, las agendas llenas, las computadoras, etcétera. Pero, más aún, los seres humanos nos abstraemos con el drama que creamos en nuestras relaciones. Podemos hacer un escándalo de la última actuación de nuestra pareja, o repetir innumerables veces sus defectos, o lo mal que se ha portado; pero en el fondo lo que realmente hacemos es distraernos de nuestra plataforma espiritual. Buscamos una realidad paralela, pues no sabemos vivir ni confiar en nuestra capacidad de adaptación, mucho menos entender que somos cocreadores con una inteligencia

superior. Asimilar lo anterior permite que abramos la mente y aprendamos a relacionarnos con una dimensión que mantiene un orden, aunque aparentemente no se aprecie.

4. *La necesidad de sentirnos superiores o inferiores.* Este es el ingrediente perfecto para el ego, ya que se crea una separación entre los seres humanos y propicia los juicios, las posturas y los ataques. Nuestro valor no debe ser evaluado por resultados ni por apariencias ni por preferencias. Es preciso reconocer en cada persona la esencia de un ser divino. Cuando tu relación opera con alguna de estas necesidades del ego (ya sea en acción, en tu lenguaje, en tus objetivos, en tu comportamiento o en tus pensamientos), has frenado tu crecimiento personal y has permitido que te invada la falta de poder, lo que traerá sufrimiento y desesperanza. Te has movido de la capacidad de amar al desamor. La manera de disolver esta situación es respondiendo a la siguiente pregunta: ¿qué es amoroso, en este momento, para mí y para mi compañero?

Al ejercer poder sobre los demás (a través de control, críticas, represión, culpa y juicios) o al tratar de demostrar que somos superiores, más conscientes o mejores, nos evidenciamos como seres confundidos. ¿Cómo puede tu pareja ser tu cómplice si no permites un estado de vulnerabilidad, de inocencia y de humildad?

Cuando te concentras en el amor y te comprometes a actuar con base en esta energía, aparece una conexión profunda con los demás, quienes se vuelven parte de lo que eres. Pero cuando opera el ego, estás arriba o abajo en su reino. Al vivir en una posición inferior, asumes las características de la víctima; permites lo que deberías frenar, en ti y en tu pareja. Al sentirte por encima, te das permiso de ser soberbio y demandante; supones que tu compañero está para servir tu propósito. Así, el de él desaparece.

El ego se vuelve tan listo que se apodera de ti cuando menos lo esperas.

Da un paso atrás y reflexiona: "¿Esto habla acerca de mí o acerca de mi ego? ¿Estoy actuando con base en el miedo y la competencia o me siento inferior, vulnerable y miedoso? Entonces, te toca salir de ese lugar y preguntarte: ¿Qué es efectivo ahora para estar en paz?" (Cuestiónate si en este momento la paz es tu propósito).

Caer en posturas de víctima es relativamente fácil para muchas personas, pues el ego nos tiende trampas de manera constante. De esta forma, refuerza una identidad negativa en la personalidad del ser que deriva en la falta de confianza de su alma, de lo divino, en lo que todos estamos interconectados. Lo dicho se diluye y la realidad se distorsiona gracias a ese ego que es el que rige nuestra vida y no nuestra esencia, la cual está sembrada en el amor.

Existen dos áreas importantes: forma y espacio. En ellas nos movemos a lo largo del día. Existe una relación de lo material, el mundo físico, con el espacio espiritual, lo que no vemos, pero que evidentemente siempre está presente. Estar alerta a lo anterior, nos ayuda a encontrar balance, pero cuando vivimos alguna situación en el plano físico y reaccionamos de manera negativa, bajamos nuestra energía, con lo cual perdemos ese equilibrio. Cuando nos identificamos con una carencia, con un pensamiento repetitivo que nos habla mal de nosotros mismos, que nos compara con los demás, estamos sobre-identificados, elaborando una identidad (no propia) con el ego que nos minimiza. Hay que estar conscientes de que ésa no es la realidad.

La idea no es tratar de eliminar al ego, sino de saber que existe y de observarlo para darnos cuenta si nos alejó del amor hacia nosotros mismos y hacia los demás. Si estamos en conflicto, es un buen momento de recapitular y volver al amor. Una buena pregunta sobre el particular es la siguiente: ¿qué es lo más generoso para mí y para mi pareja en este momento, aquello que podría hacer para lograr una reconexión con el plano espiritual y abrir un espacio de expansión?

El ego es astuto. Sabe de qué pie cojeamos. Nos conoce mejor que nadie y sabe perfectamente cuáles son nuestras carencias y nuestras inseguridades. Usa nuestros pensamientos para invadir el cuerpo con sensaciones negativas que provocan que nos alejemos del presente. Construye ilusiones de una realidad para llevarnos a un lugar interno en el cual frustra nuestros deseos pero que realmente no tiene nada que ver con lo que pasa afuera de nosotros.

Hay que ser disciplinados con nosotros mismos y darnos cuenta de que atrás del ego existe una emoción (de defensa, de justificación, de miedo). Es fundamental reconocer que el ego se colocará en historias del pasado o del futuro (la emoción del pasado es la culpa y la emoción del futuro es la ansiedad).

Identifica si vives en una historia, y si tu conversación es del pasado o del futuro, según las emociones que sientas. Por ejemplo, la gente que permanece en el pasado normalmente culpa a su pareja. Su discurso es: "Déjame que te cuente lo que me hizo" o "Déjame que te cuente lo mal que se portó". Estas personas viven a través de sus relatos; su ego está interrelacionado con sucesos anteriores. En cambio, el presente desvanece al ego. Lo que hace es que tengamos pensamientos neutrales con los que nos relacionamos con el pasado y el futuro. Desde el presente existen soluciones, abundancia y perspectiva. Las personas sobreidentificadas con el futuro tienen un discurso que va más o menos así: "¿Qué tal si me deja de querer"; "Qué tal si no se quiere casar conmigo?"; "¿Qué tal si encuentra a una persona mejor que yo?"; "Qué tal si me divorcio… qué será de mi vida?" Proyectamos angustia debido a situaciones hipotéticas.

El gran objetivo espiritual es bajar el volumen a nuestro ego activo; sorprenderlo cuando quiere tomar el control de nuestra vida; ser conscientes de que no regirá nuestras relaciones ni nuestro lenguaje. Debemos convertirlo en amor y rendirnos a la situación. Sin resistencias, sabremos cómo y desde dónde actuar.

Otra manera de entenderlo es con base en el cerebro reptiliano, que actúa de acuerdo con el miedo para sobrevivir. Es común que este cerebro primitivo nos diga: "Ataca al de junto porque es una amenaza." Es una forma de vida inconsciente e instintiva en el ser humano. Aprendamos a identificar a ese ego que estorba para reírnos de él, para hacerle ver que no representa la persona que somos verdaderamente.

Apegos

Actuamos frente a los apegos con el fin de completarnos de una manera ilusoria con el exterior. Pensamos que de alguna manera este rol u otra persona creerán quiénes somos a un nivel profundo. Crear la vida con base en esta necesidad nos pone automáticamente en un estado de carencia y miedo, aunque en un inicio parezca un bálsamo porque sentimos que lo que hemos encontrado por fin nos hace "alguien". A veces, el ego se canaliza a través de nuestra profesión, intereses, nacionalidad, estado civil o bienes materiales. Decimos: "Soy casada", "Soy soltera", "Soy religiosa", "Soy diseñadora" o "Estoy con Fulanito". Nada de esto somos nosotros. Son roles que adoptamos, pero sin darnos cuenta nos aferramos a ellos; se crea un sentido del yo. Si alguien cuestiona alguno de ellos o los juzga nos sentimos atacados a nivel personal. Cuando esto pasa, en vez de suavizar nuestro sentido del yo, tendemos a empeñarnos aún más en el ego y pensamos que existimos a través de apegos con el exterior.

¿Cómo manejar los celos? Los celos son falta de fe, de confianza en uno y en el destino. Aparecen cuando volvemos a la pareja un objeto que creemos poseer. El ego gobierna tu relación; sientes que debes controlar lo que la otra persona hace, dice y con quién convive. Cuando amamos realmente, queremos lo que ella desee en su vida. ¿Por qué si te amo quisiera que estés conmigo y no con otra persona, si esto es lo que *tú* deseas? Cuando nos movemos del ego al amor los celos son absurdos.

Pregúntate: si esta relación ya no la tuviera, ¿cómo me sentiría? ¿Me sentiría incompleta?

La inseguridad es parte del ego dañino cuando no podemos vernos a nosotros mismos más que a través de identificadores exteriores que creemos nos dan valor. No identificamos una dimensión profunda de quiénes somos. Al liberarnos de nuestras imágenes egoica (la palabra egoica se refiere a un sentido distorsionado de nosotros mismos), somos capaces de percibirnos, a nosotros y a nuestra pareja, como personas reales, genuinas, sinceras, cariñosas y con derecho de cometer errores.

Las relaciones que tenemos son un extraordinario detonante de nuestro ego, porque otros son nuestros grandes jueces en la mente. Las opiniones que tienen los demás acerca de nosotros se vuelven de vital importancia en el mundo que hemos creado. Por lo que nuestra imagen se coloca por encima de nuestra esencia y de quiénes somos en realidad, tratando de cultivar lo que pensamos que otros desean percibir de nuestra persona. Lo hacemos desde la niñez; formamos una identidad paralela que se vuelve la raíz de la personalidad con la cual nos relacionamos con el exterior. Así, actuamos quiénes somos y cómo queremos ser vistos.

Al liberarnos de esto, damos la bienvenida a la verdadera libertad; no esperamos de los demás y no tenemos miedo ni sentimientos de culpa. Nos sentimos auténticos. Cuando vivimos así, nos empodera tener relaciones significativas. Una vez que dejamos ir las expectativas de lo que las otras personas deberían de hacer o de la forma en la que deberían de comportarse, podemos ver su esencia y quienes son a nivel espiritual.

Al estar tan cercano el ego a nuestra relación de pareja, a veces llega el punto en que nos confundimos al pensar que la relación que tenemos es con el otro, cuando en realidad es con el ego mismo. Es un reto distinguirlo. Al hacerse invisible cobra vida; se apodera del ritmo de nuestro comportamiento y nuestro propósito. Su presencia cobra impuestos en nosotros y en quienes nos rodean, porque su mayor alimento es la separación y el desamor.

Muchas de nuestras emociones son potenciadas por el ego. Por ejemplo, cuando decimos: "Estoy enojado", creemos que es nuestro ser el que se encuentra así. Sin embargo, es posible que en algún nivel estemos en paz con lo que sucede; pero no explorarlo provoca que saquemos nuestro enojo con los demás, lo que se convierte en una manifestación del ego. El enojo es, a nivel superficial, el reflejo de un dolor hondo que llevamos dentro. Si queremos dejar de ser enojones, el camino es explorar nuestra infancia e indagar qué provocó una herida, con el fin de disolver su carga emocional. Podemos hacerlo a través de *coaching*, yoga o terapia. Si no lo logramos, probablemente arrojaremos enojos a otros que ni siquiera tienen que ver con ellos.

Cuando nuestra pareja nos abre heridas viejas, poniéndonos a la defensiva con ellos, nos negamos a sanar. El reto es no creer que el problema se encuentra fuera de nosotros si su comportamiento despierta a nuestro ego y esto bloquea ese sentimiento añejo que la pareja trae a la superficie para evaporar. Al no reconocerlo, terminará dominándonos y probablemente repitiéndose en otras relaciones.

Cuando comencé mi matrimonio tendía a quejarme, a no hablar y a dejar mucha de la responsabilidad a mi esposo. Caía en situaciones de poco poder y victimización, pero no me daba cuenta. Según yo, adoptaba un rol esperado de mí; constantemente me sentía en lo correcto y atacaba las actitudes y los comportamientos de mi esposo; entonces, nos alejamos y dejamos de ser equipo.

Al entrar en un proceso intenso de *coaching* dejé de señalar. Tomé el cien por ciento de la responsabilidad de mi vida y de mi relación. Me di cuenta de que lo que peleaba de él era justamente lo que yo tenía que sanar. Gracias a la manera en que viví mi infancia, busqué quien me protegiera y le di ese rol a él. Cuando no lo cumplía, me frustraba. Él venía a enseñarme mi poder; al no responder a mis mandatos, me obligaba a confrontarme con la única salida: reconocer que debo protegerme, y que sentirme segura y amada era mi responsabilidad.

Así me convertí en un pilar de fuerza y claridad en la mayor manera posible para crear una postura genuina desde donde vivir mi relación. Tuve que echar un vistazo hacia dentro; acomodar mis percepciones y aceptar que lo que mi pareja hacía era para mi bien.

Como sabemos, por experiencia personal, nuestro apego a emociones como enojo, celos, decepción, culpa o tristeza causa un sentimiento de aislamiento. Esto pasa al no reconocer que cualquier reacción alimentada por estas emociones es egoica. Los apegos del ego oscurecen nuestra capacidad de permanecer en un estado de alegría y unidad con nosotros mismos y con los demás.

El ego no es malo ni bueno, solamente es. Lo podemos usar como una herramienta que crea los contrastes suficientes en nuestra vida, para despertar a la luz. Pero si no despertamos a su presencia, en lugar de ser un facilitador se vuelve una condena.

Aunque no vivamos totalmente libres de ego, para ser una pareja consciente debemos estar alertas a la influencia que tiene en nosotros en cada momento. Esto significa estar en constante transformación; es fundamental para convertirnos en una pareja en evolución. Entre más conscientes nos volvemos, más reconocemos todas las formas en que hemos vivido a merced de este condicionamiento no examinado en nosotros y en nuestra cultura.

Despertar a la forma en que opera en ti el ego requiere de observar tus pensamientos, tus emociones y los comportamientos que no son del todo fieles a ti. Ponte atención en cuanto notes momentos de incomodidad, ataque o reacción. Se abrirá la posibilidad de separarte del ego para volver a un lugar legítimo de crecimiento y madurez. Mientras no hagamos lo anterior, seguiremos proyectando y no sanando a través de las relaciones cercanas.

Es esencial darnos cuenta de que cualquier barrera que experimentemos cuando se trata de aceptar a nuestra pareja se origina en nuestro propio condicionamiento. Alguien que no se acepta, que no sana, impide relacionarse con otros al máximo. Sólo en la medida en que nos honramos a nosotros mismos enalteceremos a nuestra pareja.

Si tenemos aunque sea un poco de mentalidad de víctima, crearemos posturas de "Tú el malo y yo la buena" o "Tú el injusto y yo la incapaz", etcétera. Una trampa es decir: "Acepto a mi pareja como es, pero siempre será un egoísta". Esto no es aceptación, sino resignación. En cambio, hay un despertar si decimos: "Acepto que mi pareja sea como es, y ahí hay enseñanza para mí".

Cuando queremos moldear al otro para que cumpla nuestras expectativas, sembramos semillas de disfunción. Trabajar para entender a nuestra pareja por quien es realmente trae un sentimiento de espaciosidad interior. Al no permitir que nuestras necesidades nos definan, damos la bienvenida a la bondad. Comienza por recibir a tu pareja desde el lugar en el que se encuentra, no desde la imaginación. El fin es conectarte con su esencia.

El ego está activo cada vez que nos enganchamos a un patrón de pensamiento o creencia. Cada vez que nos identificamos con emociones descontroladas y a través de ellas actuamos. A veces, también cuando emociones positivas (como júbilo) toman el control sobre nuestros sentidos, nos alejamos de lo verdadero; nos dejamos ir por emociones extremas que nublan lo que es real.

Los apegos al ego son una máscara de nuestras profundas carencias. Por ejemplo, uno de los abismos en que nos perdemos es no permitir rendirnos al misterio de la vida. Cuando actuamos desde el ego, en vez de descansar en nuestro ser puro y confiar, peleamos. Como resultado, el vínculo se desconecta, se empobrece. Vivir la vida con temores y exigencias extingue e impide los intercambios espontáneos y sin inhibiciones. El ego requiere desmoronarse para que la autenticidad emerja, y que a su vez se revele nuestra verdad. Lo dicho trae salud, luz, alegría y valentía a nuestros encuentros. Debemos movernos de la pretensión de entender todo. Fluyamos, cocreemos con el universo. Permitámonos la paz que da no analizar y etiquetar, sino saber que existe un orden para las cosas, y que nosotros somos parte de él.

Vivir auténticamente nos permite dejar de mirar a nuestra pareja como un lienzo vacío en el cual proyectar la imagen de quien creemos que debería ser, abriéndonos los ojos para conocerlo como compañero de viaje.

La pregunta es: ¿Estás dispuesto a renunciar al pensamiento "yo sé", a bajar de tu pedestal egoico de autoridad, y a permitirte aprender de tu pareja?

Vivir así es comprometerte a crear una evolución continua; es darte cuenta de que lo que amerita es que despiertes; reconocer que eres un trabajo en proceso. El propósito de nuestra existencia requiere que nos conectemos con el profundo y silencioso aspecto del ser. A pesar del ruido que haya en nuestra vida, seamos capaces de escuchar. Reconozcamos el alimento que da la calma de una mente en paz y la constante conexión con la inteligencia de la naturaleza.

Parte de nuestros retos es que estamos alimentados por una cultura distorsionada que nos invita a la confusión; la misma que nos señala incompletos, atrapados en el drama personal con culpa y enojo. Vivimos en una cultura que exhorta a hábitos poco saludables, excediéndonos en la comida, el alcohol, el ejercicio, las drogas o los medicamentos; durmiéndonos frente a nuestras grandes capacidades. De éstas, y otras maneras, tratamos de suprimir las heridas, canalizándolas de forma externa, lo cual a largo plazo las perpetua, y como resultado tenemos sociedades cargadas de violencia y soledad. La solución es sentarnos con nosotros mismos y convertirnos en observadores, reconociendo que vinimos a evolucionar y a movernos a la luz. Son nuestras relaciones las que nos señalan lo que debemos explorar en esta vida.

Cuando basamos nuestras relaciones en nuestra personalidad, el amor no es nada más que un acuerdo. Si me siento afín contigo y con tus creencias, entonces me amas y estamos bien. Pero en el minuto en el que no estoy de acuerdo, me convierto en tu enemigo. Después buscamos todas las razones que justifiquen estar en lo correcto, y la atención se coloca en el exterior, en corroborar con otros las historias y argumentos. Parece que el problema lo causó alguien distinto, en vez de reconocer que lo causó el apego a la narrativa que crees en este momento; entonces, eres tu propia víctima, y la situación parece no tener ninguna solución, cuando ésta siempre vive en ti.

El ego no ama, siempre quiere algo.

¿Quién exige, tú o tu pareja? Muchos de nosotros tenemos la falsa idea de que es preciso hacer lo que nuestra pareja pida; nos perdemos en complacer a la otra persona muchas veces hasta el punto de perder la individualidad. La verdad es que somos los que decidimos, incluso si nuestro poder se desvanece.

En otras palabras, eres quien diseña su relación y después te vuelves víctima de tu falta de claridad. Nos mentimos cuando damos lo que no deseamos, y nos lastimamos. Con honestidad, podríamos decir: "Me gustaría querer hacer eso por ti, pero por el momento no quiero, y hasta que no sea genuino para mí, prefiero no comprometerme. ¿Podemos pensar en otra solución juntos?" Existen maneras cariñosas para decir lo que realmente queremos. Pero cuando no somos directos, se pierde el poder. Esto despierta la frustración que nace de la inhabilidad de comunicar y ser congruentes con el ser.

Al complacer sin honrarte te pierdes, y se truncan las oportunidades. La pareja pedirá todo lo que crea necesitar de nosotros. Al principio, tal vez tratarás de darle gusto, pues es muy común hacerlo. Pones tus deseos a un lado, aunque no te lo pida. Muchos asumimos ese rol como uno de los requisitos en los que te envuelve el enamoramiento.

Yo, al comportarme así, comencé a tener resentimientos que venían de la mano de pensamientos como: "Él debería apoyarme", "A él le debería importar que yo salga adelante", "Él no se preocupa por mis intereses". El enojo y la frustración me gobernaban constantemente; el ego ganaba en todas las ocasiones, usando mi relación para apoderarse de mi estado emocional.

Al girar estos pensamientos hacia mí, me di cuenta de que yo no me apoyaba; era a mí a quien debería importarle salir adelante, y preocuparme por mis intereses. Qué diferente se escucha la conversación cuando reconocemos que los reclamos son hacia nosotros mismos. A partir de ver esto, actué con claridad, diseñé un plan de acción que materializara mis deseos.

En ese momento cambié la comunicación con mi esposo. Ahora, una de las respuestas que le doy es: "Te amo, pero no puedo hacer eso, estoy enfocada en mis intereses." El cambio sucedió en mí. Yo esperaba enojo de su parte, pero fue lo contrario. Hasta el día de hoy me ha apoyado.

El ego se vuelve nuestro oponente una vez que invade nuestras emociones y se apodera de nuestras acciones. Aparece entonces la lucha con él para regresar al amor. La trampa es que los demás se vuelven nuestro gran reto, pues parecen enemigos en menor o mayor medida. De aquí nace la continua necesidad de crear conflicto y separación. Después de agredir en pensamiento o acción a las personas, nos da miedo que nos critiquen de regreso. Entonces, creamos resistencias para protegernos.

Sin embargo, en un cierto nivel sabemos que somos responsables del desamor infiltrado. Así que entre más nos defendemos, más fuerte se volverá nuestra agonía. Por lo pronto, aparece gente a quien criticar o juzgar para sentirnos mejor acerca de la persona que somos.

Esta dinámica refuerza el sistema de creencias ilusorias del ego, y de esta manera, asegura sobrevivir. Cuando logramos entenderlo, entendemos la razón por la cual a lo largo de la historia, los seres humanos hemos tenido la necesidad de dividir el mundo en víctimas y cazadores. La dinámica genera que veamos el mundo exterior como nuestro enemigo, en vez de entender que operando así somos nuestro propio adversario.

Los sistemas de creencias son resistentes al cambio. El ser humano vive arraigado a éstas, y le dan su identidad (artificial/personalidad). El ego carga nuestra mente subconsciente de estos dogmas, los que tienen un rol importante cuando se trata de tomar decisiones acerca de la persona que creemos ser. Es interesante explorar qué origina e impulsa nuestras acciones y comportamientos, además de preguntarnos ¿quiénes somos realmente? Desarrollemos un ojo observador poderoso en nosotros mismos. Es el primer paso para saber quién lleva las riendas de la vida y de cómo nos relacionamos.

Si recordamos que somos seres espirituales viviendo una experiencia humana, no habrá tal cosa como el bien y el mal, sólo claroscuros que logran que todo sea completo. Sin sombra no hay luz. Uno crea al otro. Es el encuentro de este equilibrio fuera de estructuras mentales en donde encontramos el balance natural de las relaciones y la vida con ciclos y matices. El ego nunca se elimina, se conquista en cada momento. Es su oscuridad la que hace posible nuestra luz. Al avanzar, observaremos hacia dónde podríamos caminar si seguimos sus mandatos, pero al hacernos consientes, deseamos algo diferente, elegimos la paz.

Muchas disciplinas espirituales demandan deshacernos del ego para tener un crecimiento espiritual. Sin embargo, usado de la manera correcta nos ayuda a intensificar el amor. De lo contrario, cómo vivir en paz si nunca hemos sentido el conflicto. Uno hace posible el aprecio del contrario. Por lo tanto, la oscuridad es como la noche: ni buena ni mala, diferente y creadora de la luz del día.

Entender al ego como nuestro acompañante, es considerarlo parte del día a día y como nuestra guía en las elecciones de experiencia humana.

A través de los suaves susurros del ser superior nos despertamos, poco a poco, hasta que finalmente regresamos a casa. Normalmente este es el punto en la vida en que cambiamos de dirección y nos concentramos menos en nuestros dramas aparentes; salimos de narcisismos; nos interesamos en ser seres de servicio. Al elegir relacionarnos con el ego de manera integral, entendemos que está para ayudarnos a cumplir una misión.

No hay necesidad de estar consientes en cada momento, creo que muy poca gente lo está. Pero al estar dispuestos, exploramos lo real en cada situación y lo que deseamos como "la verdad". En este punto sabemos suficiente para reconocer que siempre hay algo más sucediendo que lo que aparentemente aparece en el plano físico. Cuando atacamos el comportamiento del otro, es el acto más superficial en una relación. Es ego contra ego.

Cuando frenamos la reacción, y nos preguntamos qué sucede a nivel profundo con esa persona, abrimos la curiosidad, entra el espíritu y la capacidad de escuchar se genera.

Una buena reflexión es la siguiente: "Me doy cuenta de que estás gritando. Entiendo que cuando alguien explota son llamados de amor y esa persona está en dolor dominada por el ego. Yo tengo dos opciones: reaccionar a su comportamiento y despertar mi ego a través de esto, o investigar, ir más profundo."

Podríamos preguntarnos:

"¿Me gustaría saber qué es lo que realmente está pasando contigo? ¿Es posible acercarme a mostrar afecto e interés?" Si escuchamos sus insultos de manera literal y directa a nuestro orgullo, no nos conectaremos con el otro. Esto no quiere decir que permitamos que nos falten al respeto, sino estar abiertos a explorar qué pasa con la persona y su limitada manera de comunicar el dolor la rige.

Trabajar de manera profunda con el ego producirá cambios en nosotros y, por lo tanto, en nuestra relación de pareja:

Reconocemos:

- Que separamos al ser del ego.
- Que muchas veces no sabemos quiénes somos y estamos bien así.
- Que lo único que pedimos es poder identificar la verdad.
- Que desmantelamos lo que pensábamos que sabíamos.
- Que dejamos ir el control al que nos ataban los miedos.
- Que deshacemos creencias y pensamientos.

Ahora:

- Amamos lo que es; no peleamos con lo que nos presenta la vida.
- Vivimos en abundancia interior y vemos esta abundancia en el exterior.
- Todo pasa en su mejor momento; estos momentos son el ámbito de Dios. Nuestro ámbito es de fe y seguridad.
- Actuamos con seguridad desde la abundancia y reconocemos el apoyo de una guía superior.

- Dejamos de atacar, defender, o dar para recibir, y estamos atentos a las malas interpretaciones que pueda tener nuestra mente.
- Consultamos nuestra intuición antes de actuar, y reconocemos que si no tenemos la respuesta, ésta llegará en su mejor momento.
- Estamos en paz con la mente que no sabe.
- Dejamos ir el control evaporando el miedo.
- Recuperamos la energía que utilizábamos para mantener vivas nuestras ilusiones y contamos una gran capacidad para disfrutar la vida.
- Sabemos que tenemos que replantear lo que valoramos.
- Entendemos que nuestra voluntad no sirve si no se alinea con nuestra verdad interior.
- Todas las experiencias sirven para aprender qué es real.
- Todas las ilusiones son ilusiones. Algunas parecen más reales que otras, lo cual sólo habla de nuestras preferencias, no de lo que es verdadero.
- Comenzamos a sanar profundamente.
- Nos damos cuenta de que el mayor propósito de la vida es sanarnos y encontrar la liberación.
- Ahora vemos la posibilidad de sanar a través de la claridad de nuestra presencia.

Arribamos a una manera de vivir en la cual los viejos patrones se han ido y a veces nos sentimos suspendidos en el tiempo. El aprendizaje consiste en soltar el *hacer* para *poder ser*. Esto nos ayuda a reconocer desde un lugar muy profundo que ya somos y tenemos siempre todo.

Deseamos vivir con una sensación de simplicidad que a veces no se aprecia fácilmente. Reconocemos que es mucho mejor la simplicidad que la complejidad.

Idealmente, alcanzaremos la liberación, lo cual implica:

- Vivir en el ahora, pues el pasado y el futuro están libres de historias y de expectativas. Amamos lo que es y nos mantenemos presentes en el hoy.
- Reconocemos en el otro parte de nosotros mismos.
- Nos damos cuenta que cuando no vemos desde otras perspectivas negamos la existencia de éstas, por lo cual estamos dispuestos a aprender nuevas visiones de la vida.
- Vemos lo que nos rodea como parte de un todo y la resistencia se vuelve obsoleta.
- Nosotros somos todo y todos, al mismo tiempo que nosotros mismos.
- El gran propósito es despertar del sueño de la limitación y separación.
- Lo que mueve al ser humano es el amor.
- No sólo experimentamos el momento, sino que nos volvemos la experiencia.
- El tiempo se vuelve lento, y los planes, a largo plazo.
- Manipular y controlar pasan a segundo término.
- Nuestra experiencia de vida se convierte en algo mágico, abundante y de continuo crecimiento.
- Al darnos cuenta de que la identidad está cargada de creencias y apegos emocionales, la dejamos atrás.

- Tenemos emociones, pero éstas entran y salen de nosotros.
- Tenemos gustos y preferencias sin que esto nos rija.
- Al reconocer lo que es real, surge un nuevo sentido del humor.

Al hacernos uno, reconocemos un camino sin esfuerzo y alineado a nuestro crecimiento; nos rendimos a vivir de la mano de la armonía universal. Y nos damos cuenta de que los obstáculos se disipan.

Ejercicio

Por la noche, pregúntate y responde: Hoy, ¿con qué me sentí incómodo? ¿Quién actuaba, yo o mi ego? ¿Qué buscaba: que la otra persona reforzara mi justificación, tener la razón u operaba con base en el miedo? ¿Estaba a la defensiva o dispuesto a escuchar nuevas posibilidades para actuar con el fin de romper dinámicas antiguas y crear nuevas alternativas para la relación?

Ten presente esto: se nos invita a tomar decisiones guiados por nuestro ego o por un ser superior.

Capítulo 11

Perdonar

La postura del perdón puede cuestionarse. Perdonar, primero que nada, es identificar que tu postura está relacionada con una interpretación y no con una verdad absoluta. Lo que parecía terrible puede transformarse al examinar la situación desde otras perspectivas y visitar los hechos con neutralidad.

Es curioso, cuando el pensamiento toca las emociones y sentimos enojo, frustración o tristeza, ya es difícil reconocer qué sucedió y qué nos hace sentir así. Pegamos las emociones a los recuerdos; nos confundimos al creer que el evento nos hace sentir de manera negativa y no lo que pensamos. Si elimináramos los pensamientos elaborados alrededor del hecho, neutralizamos lo vivido y nos liberamos de la carga emocional.

En ocasiones, mis estudiantes me dicen: "¿cómo va a ser una ilusión mental, si me siento tan mal?" Justo ese es el poder que tienen los pensamientos: una vez que se apropian de nosotros y de nuestro cuerpo emocional creamos un mundo a través de ellos. Pero es complejo definir que algo que siento con tanta intensidad no tenga que ver con lo que viví sino con lo que crea mi mente.

Por ejemplo: José vive deprimido pues terminó su relación y su ex pareja ya está con otra persona. Al trabajar con él nos dimos cuenta de que usaba palabras como me "traicionó" y "ella no debería haber actuado así". Ese lenguaje lo deja en una posición de debilidad. Cuando decimos "me traicionó" y "no debería..." le damos el poder al otro; con nuestro lenguaje permitimos que los actos de otras personas nos definan. Por lo tanto, es lo primero que debemos neutralizar.

Decir: "La relación terminó" o "Ella actuó de manera X" es describir sólo los hechos.

Pero si decimos: "Yo decido relacionarme con esto, desde esta forma que me da poder", se abre un nuevo camino para nosotros. El hecho de que ella esté con otra persona se convierte en un evento neutral cuando eliminamos el lenguaje que nos apremia. Entonces, elevamos la perspectiva para mover nuestra energía al saber que dicha persona se alejó; ahora algo nuevo viene para nosotros, pero debemos estar listos para recibirlo.

Para perdonar realmente y movernos a otro lugar tenemos que salir de la silla de víctima (donde nos sentimos atados y sin poder, donde nuestra fuerza para vivir la tiene algo o alguien en el exterior) y dejar de echar culpas. De lo contrario, abrirnos a esta posibilidad será imposible o lo lograremos a un nivel superficial.

Nos parece sensato pensar que cuando nos hayan lastimado nos pidan perdón, pero cuando esperamos disculpas, si no nos la ofrecen, ahora, estamos ofendidos; así el otro nos tiene doblemente a su merced.

Me gustaría introducir el concepto del perdón radical. Se trata de ver la verdad oculta detrás de aparentes circunstancias en una situación; de reconocer que el amor siempre existe, si no lo vemos fuera lo podemos buscar dentro de nosotros.

Gran parte de nuestra salud ocurre cuando estás dispuesto a abrirte a la idea de que amorosamente tu alma ha creado esta situación para ti. El primer paso es estar dispuesto. Cuando damos este paso, algo que nos ha molestado por mucho tiempo puede liberarse, hasta disolverse en cuestión de un momento.

¿Puedes evaluar que la situación fue lo que necesitabas ya sea para despertar o alinear tu camino?

Es importante entender que debemos tomar responsabilidad por nuestros sentimientos y lidiar con ellos, sin que otra persona entre en la explicación.

El perdón tradicional se basa en la idea de que algo malo pasó, mientras que el perdón radical toma la posición de que nada malo pasó, y por esto, no nos quedamos en una posición de debilidad; erradica en nosotros la posibilidad de ser víctimas del pasado.

En el presente nos libera y proyecta al futuro una sensación de libertad, ya no vivimos el futuro con temor porque reconocemos que nadie nos puede hacer daño. Con el perdón tradicional, la voluntad de perdonar está presente, pero también la necesidad de condenar, por lo que nos liberamos cien por ciento. Si no estamos realmente conscientes a nivel profundo, nada cambiará.

Por el contrario, en el perdón radical, la voluntad de perdonar está presente, y no existe la necesidad de obstaculizar nuestra vida por algo vivido. Nos volvemos conscientes y todo cambia.

Entendemos que los errores son relativos y que parte de la condición humana es fortalecernos frente a lo que no comprendemos.

Existen conversaciones culturales que nos indican cómo relacionarnos con la muerte, el cambio, el miedo, con los actos de otros, etcétera. Si no reconocemos que estos diálogos colectivos migran a nosotros, entonces actuamos desde reacciones aprendidas, y no desde una posición auténtica y genuina.

La puerta para incrementar nuestra vibración y vivir la experiencia del perdón radical es tener el corazón abierto. Conéctate con un espacio de expansión. Respira profundo y abre tu pecho. Declara que hoy sueltas y creas algo nuevo para ti.

El perdón radical reconoce la ilusión; reconoce que lo que sucedió puede superarse, y responde al entregarse a la voluntad de trascender la situación.

El perdón radical observa la vida guiada y motivada por amor.

Constantemente juzgamos lo que los demás hacen; pensamos que nosotros no seríamos capaces de hacer esos actos o vivir como otras personas. La verdad es que somos más parecidos unos a otros de lo que creemos. Si estamos familiarizados con nuestra propia sombra, sabemos que todos tenemos dentro el potencial para causar daño. Dada la visión del mundo de cada persona, por lo que sabe y por lo que siente, hace lo mejor que puede; lo anterior está filtrado en muchas ocasiones por un grado fuerte de inconciencia, miedos y profundo dolor. Probablemente, si estuviéramos en sus zapatos daríamos el mismo resultado.

Este conocimiento nos permite acercarnos a la humildad; ser amables y compasivos con las personas que hemos acusado y con nosotros mismos. En ellos reconocemos nuestras propias imperfecciones y nuestra sombra. También se genera la oportunidad de ayudarnos unos a otros para entender el origen de nuestro comportamiento y ser atentos en nuestras interacciones. Si fuéramos mas conscientes, en lugar de crear sociedades que castigan, nos enfocaríamos en implementar instituciones e iniciativas que nos lleven a la salud, tanto mental, como a la emocional, física y espiritual.

El perdón no nace del esfuerzo, nace del espacio que se abre al permitirnos experimentarlo.

Existe una gran diferencia entre perdonar auténticamente y perdonar como un decir. En el perdón común no tenemos la voluntad de perdonar; nos relacionamos con la situación, persona, o nosotros mismos desde el lugar de la víctima. Vivimos en conversaciones como las siguientes:

- "Esto me pasó…"
- "Él o ella me hizo…"
- "Por su culpa."
- "Si él o ella fuera diferente."
- "No puedo ser feliz por lo que pasó."
- "Él está mal, yo estoy bien."

Nuestra liberación existe fuera de este lenguaje que nos aprisiona y distorsiona la percepción, colocando el poder en otros o en situaciones del pasado.

Perdonar es un proceso de apertura, de saldar con la vida, soltar posturas y juicios.

No se trata de perdonar por un sentimiento de obligación, aunque muchos de nosotros perdonamos así.

A veces perdonamos sintiendo que estamos en lo correcto. Si perdonamos por pensar que somos mejores, más inteligentes, o porque tenemos la razón, lo hacemos estableciendo una postura de "Yo estoy bien y tú estás mal", lo cual abre en la psique una amenaza de buenos y malos, colocándonos en una postura reactiva y a la defensiva. El perdón no se otorga. El perdón no es algo sobre lo que tengamos control; simplemente sucede cuando tenemos la voluntad.

Otra manera de perdonar no auténtica es cuando pretendemos perdonar. Fingimos que no estamos enojados o sentidos por algo que ocurrió. Esto niega nuestros sentimientos; nos aleja de la oportunidad de liberar. Nos atamos a lo vivido. A veces lo hacemos porque no sentimos la confianza de expresar los sentimientos, pues nos han enseñado que hablar de las emociones es inaceptable. Sin embargo, para ser honestos con uno y con otro debemos sentir que tenemos derecho a expresarnos y sanar.

Perdonar y olvidar tampoco es una manera real de abordar el pasado. Lo ideal es revelar la enseñanza inherente en la situación, fortalecernos y madurar. Si no podemos apreciar algo, por lo menos saber que aun con esa vivencia puedes elegir ser libre, firme y poderoso; y que lo vivido te mostró estas cualidades de ti.

Al perdonar realmente se evapora el pasado; es decir, recordamos las memorias, las vemos como imágenes de una película sin carga emocional; evitamos ser controlados por algo fuera de nosotros.

Nuestra mente está entrenada a calificar lo que sucede como bien o mal. Lo cual es un obstáculo para el perdón, pues para realmente trascender lo vivido debemos poder salirnos de la dualidad. Si en nuestra mente calificamos lo vivido como malo, entonces también nos cargamos con explicaciones de por qué fue negativo y la historia se llena de pensamientos que nos invaden con dolor. En el proceso de *coaching* trabajamos en suspender los sucesos en nuestro corazón, sacar lo vivido de la mente y de calificativos; poner la mente en silencio, no tratar de entender o analizarla, ya que corremos el riesgo de perdernos. El objetivo es bañar la experiencia con nuestra paz y decidir sanar.

El reto es entender que, especialmente en el tema del perdón bajo el punto de vista social o moral, probablemente lo vivido se califica como malo, lo que nos hace sentir que tenemos la razón. Pero eso no ayuda a entender que la vida no se apega a estas reglas, y que para ser felices debemos vivir en un mundo en el que suceden situaciones, que aunque no estemos de acuerdo con ellas, nuestro poder aparece en seguir adelante, mas no en tener la razón.

Cada decisión que tomamos abre o cierra caminos importantes en nuestra vida.

El perdón radical requiere que trabajemos en las capas más profundas de lo aparente con el fin de observar la naturaleza en los intercambios humanos, viéndonos como parte de ella; así surge la perfección en cada situación. Una flor no se resiste a lo que vive, se entrega a ser parte de un todo y confía en que lo que la rodea día a día la llevará a florecer.

Aprender a hablar de lo vivido con un lenguaje que nos deje en un lugar de fuerza es primordial. Es una manera de dejar ir. Sin embargo, cuando hablamos en exceso de nuestra historia, lo único que hacemos es reforzarla.

Un buen ejercicio es expresar alguna preocupación que tengas con tu pareja tres veces:

Ejercicio

1. La primera vez escribe lo que recuerdas que sucedió.
2. La segunda vez escribe una nueva interpretación sobre lo sucedido, un nuevo punto de vista que hasta hoy no te hayas planteado.
3. Ahora escribe en qué crees que esta vivencia pudo beneficiarte o qué te enseñó sobre ti. También explora por qué es adecuada para ti.

Muchos somos adictos a nuestras historias. Es crucial reconocerlo. Nuestro cuerpo a nivel biológico se resistirá a soltar nuestros dramas y reclamos porque químicamente nos alimentamos de la negatividad. Los humanos nos volvemos adictos a las sustancias que segrega el cerebro cuando vivimos o hablamos de situaciones que fortalecen al drama (victimización, miedo o culpa). Debemos trabajar con gran voluntad para limpiar nuestra conversación; desintoxicarnos de nuestros propios argumentos y ser francos al saber que no los dejamos ir, no por la otra persona, sino porque hay una ganancia secundaria en nosotros.

Caroline Myss (autora de *Anatomía del espíritu*) argumenta que la gente que dirige sesenta por ciento de su energía para mantener el pasado vivo, no es capaz de sanarse a sí misma, ya sea de una enfermedad mental, física o espiritual. Por lo tanto, dependen completamente de la medicina química para curarse. Lo que nos decimos, y cómo nos lo decimos, crea quiénes somos y de qué somos capaces.

El perdón radical nos ayuda a estar en el presente, de otra manera no podemos vivir el hoy si estamos mentalmente en el pasado.

Simplemente perdonamos a la persona que se refleja en nuestra proyección en este momento. Lo asertivo es dejar ir el arquetipo de la víctima y traer nuestra energía al presente. Lo que sucede si no perdonamos es que nuestra incapacidad de adaptación nos lleva a la imposibilidad de sobrevivir en el entorno y enfermamos o morimos.

El primer paso para lograr el perdón radical es escuchar nuestra historia y honrarla por haber sido nuestra verdad. Poco a poco tenemos que entender que la vida no es perfecta, como ninguno de nosotros. Es fundamental comprender que actuamos desde marcos de referencia y que reaccionamos a lo que se nos presenta con muchas restricciones impuestas. Debemos dejar ir nuestras historias o nos convertimos en ellas. Recuerda: la vida tiene regalos para ti hoy, mantente atento a su manifestación.

No es necesario que la persona a perdonar nos caiga bien. Tampoco tenemos que permanecer con ellos si su personalidad o su comportamiento ya no se alinea con nosotros. El perdón radical es una relación de alma a alma; solamente requiere que nos salgamos de juicios y que humanicemos a la persona. Para esto, ayuda imaginar sus miedos, carencias e imaginar por lo que está pasando el otro y entender su forma de actuar.

En general, a lo largo de nuestra vida existen patrones que se repiten una y otra vez. Esto quiere decir que hay algo que debemos explorar y no hemos sido capaces de reconocer. Cuando finalmente aprendemos, es momento de perdonarnos, a uno y al otro. Esto hace posible que una nueva manera de relacionarnos aparezca (ya sea con esa persona o con otra).

El perdón es una oportunidad de libertad ante todos los que venían a tu vida con una misión de enseñanza.

¿Qué sientes? No dejes ni un sentimiento fuera. Sé sincero y conviértete un una persona auténtica. El poder de la sanación radica en los sentimientos. Liberarnos de ellos aligera su fuerza. A lo mejor tienes que golpear una almohada o meterte a clases de *kick boxing*, a terapia o llorar. Haz lo necesario para liberar a tu cuerpo de la negatividad. En yoga llaman *samscaras* a las cicatrices emocionales que cargamos en nuestro cuerpo de vivencias que en su momento no pudimos procesar. El objetivo es disolverlas por medio de practicar yoga y respirar. En este ejercicio se reconoce que las cicatrices bloquean nuestra energía y pueden eventualmente enfermarnos.

¿Cómo conseguir el perdón del ser amado y que nos vuelva a querer como antes? No podemos exigir de otros lo que no están dispuestos a ofrecer. Si no pueden perdonar o no olvidan y reclaman constantemente, eso está fuera de nuestro control. Lo que podemos hacer, es ser claros. Pedir al otro que aparezca en la relación libre de resentimientos para vivir en el ahora. Él podrá decidir sí, no o negociar; y nosotros debemos crear un acuerdo con ellos que nos funcione para estar en el mismo canal. Si no se honra el acuerdo, probablemente la relación se disolverá. Recuerden: si viven la relación en conversaciones de conflicto, no partimos de un espacio sano para establecer la relación.

¿Cuándo pedir perdón nosotros? Cuando te das cuenta de que lastimaste a la otra persona pide perdón. La humildad es una de las herramientas más fuertes para la sanación. Además, darnos cuenta de nuestros actos y aceptar o reconocer que nos equivocamos es tomar responsabilidad. Pedir disculpas es importante; hace que todo se ponga en un punto cero; permite la evolución de manera acelerada.

Emociones

Ansiedad

La ansiedad es una emoción natural; no podemos escaparnos de ella. En vez de verla como algo que tenemos que controlar, debemos aprender a relacionarnos con ella; sentarnos, simplemente dejándola ser; reconocer que es parte de la vida. Si no aprendemos a observarla, es muy posible que nos abrumemos con nuestro estado emocional interno y reaccionemos ciegamente tratando a los demás de una manera reactiva y volátil.

En ocasiones, nuestro comportamiento hacia la pareja está filtrado por esta emoción y actuamos de manera destructiva, sin que el otro tenga que ver en lo que sentimos. Lo anterior se puede convertir en un ciclo porque nos decepciona ver las consecuencias de nuestro comportamiento. Actuar impulsados por estas emociones deja huellas innecesarias. Al ser conscientes, nos hacemos responsables de lo que sentimos y lo separamos de nuestra relación.

La ansiedad también es una emoción que se relaciona con el futuro, indaga que te preocupa del porvenir, introduce el contrapeso de esta emoción que sería confiar.

Enojo

Cuando nos damos el permiso de sentir emociones, permitimos que la energía fluya. Es una forma de provocar que la energía atorada en nuestro cuerpo se mueva. A esto se le llama trabajo de liberación energética. Hay personas que trabajan con esto de manera terapéutica como *reiki*, acupuntura, quiropráctico, etc. Si usamos estas herramientas, nos sentiremos más vivos de lo que inclusive pensábamos que era posible; nos daremos cuenta de que la energía se ha transformado. Muchas veces el enojo que creemos sentir hacia otros es con uno mismo. Nos enojamos con nosotros cuando no ponemos límites, cuando no dejamos ir, cuando no nos hacemos responsables de nuestra vida, cuando no nos comprometemos con nuestra grandeza.

Ejercicio

Sigue estos pasos para perdonar a tu pareja actual o a alguien del pasado:

1. Cuenta tu historia.
2. ¿Qué sientes? No evadas la emoción; vela de frente y sácala. Tienes derecho a tus emociones. Siéntelas al máximo y libéralas por medio de un proceso elegido por ti.
3. Sé reflexivo y replantea la situación a distancia.
4. Pregúntate: ¿qué pasó realmente?, ¿qué expectativas tenías de esta situación? Ten la voluntad para dejar ir el dolor y el sufrimiento.

5. Permítele la entrada a un nuevo orden en la vida. Observa si una situación abrió algo a nivel de alma o sanación o te enseñó tu fuerza y replanteó tu camino.

Si crees que debes trabajar de manera más profunda, existe una hoja de trabajo de perdón radical que me gustaría que llenaras acerca de la persona con quien sientes conflicto. Date un tiempo para responder las preguntas. Permite que energéticamente la hoja te lleve a la libertad.

La hoja de trabajo del perdón radical puedes encontrarla en la siguiente dirección electrónica (está en inglés y enespañol); trabajar con ella es profundamente revelador: http://perdonradical.es/wp-content/uploads/2015/01/La-plantilla-de-perdon-radical.pdf.

Capítulo 12

Entender la gran lección, el orden perfecto de las cosas

Utilizar lo que tenemos enfrente para introducir un cambio en nuestra perspectiva abre la posibilidad de crear milagros, ya que las humildes situaciones se convierten en portales inspiradores para la transformación.

Desprogramarnos

Conoce el programa que llevas dentro:

- Lo que viste desde niño.
- Lo que imitaste.
- Lo que escuchaste desde pequeño una y otra vez, acerca de ti, de la vida y la pareja.

Incluye también temas de dinero, de la responsabilidad, y de cómo vivir (costumbres). Todo esto lo llevamos a las relaciones. Por ejemplo, el dinero es de las principales causas de separación y conflicto. Entonces, no podemos ignorar que esta programación tiene que ver con nuestra vida ahora e interviene al emprender una relación.

De nuestra familia heredamos roles, guiones egoicos, y una manera de responder emocionalmente a las situaciones y personas. Observa si tu familia es depresiva, reactiva, culposa, agresiva, agresiva pasiva, etcétera.

De niña observé y aprendí a vivir como lo hacían mis papás. De pequeños imitamos y aprendemos de cómo son nuestros padres a través de su ejemplo. Cómo reaccionan, cómo se relacionan con la vida se refleja en nuestro mapa. De manera inconsciente adoptamos muchos de sus comportamientos y ciclos emocionales. Mi papá era una persona muy alegre, divertida; pero a veces tenia ciclos nostálgicos y retraídos. Al crecer, me di cuenta de que yo actuaba igual. Podía ser muy alegre, sin embargo, caía en episodios de tristeza. Cuando nacieron mis hijos me retraía para leer; me costaba trabajo volver a la alegría. Reconocí un patrón similar al de mi padre. Para mi esposo era complicado entender mi lejanía. Cuando lo hice consciente, decidí pulir esto en mí; equilibrar mi vida y confrontar la tristeza que me sobrepasaba en ocasiones. Hablé con mi esposo; le platiqué lo que aprendí de mí y le dije que quería cambiar. Con el tiempo, y el apoyo del *coaching*, me he vuelto más estable emocionalmente, y aunque leo mucho y requiero de mis espacios, se ha vuelto una elección cómo vivir y no una condición.

Por lo que vemos detrás de los eventos familiares existen huellas emocionales aprendidas. Cuando somos niños, vivimos en un estado de ser, no de ego, lo cual quiere decir que nuestras defensas no se han formado y somos susceptibles a la energía que nos rodea.

Los padres imprimen su huella emocional en nosotros. La idea no es encontrar a quién hacer responsable de cómo somos, ya que ellos no pudieron evitar que esto sucediera. Es sólo un proceso para conocernos; el propósito es parar y reflexionar, reconocer que tenemos comportamientos aprendidos, pero que si no nos funcionan los podemos cambiar o eliminar.

Cada uno de nosotros tiene el poder y la responsabilidad de crear una nueva huella que se alinee a la persona que queremos ser hoy, y estar conscientes de que, así como nuestros padres nos influenciaron, nosotros también transferimos nuestra huella a quienes nos rodean, por ejemplo, nuestra pareja e hijos.

Al no observar, honorar, cuestionar, reprimimos nuestro poder y lo que arrastramos forma una coraza en nosotros. Cuando emociones negativas viven en uno, están listas para activarse en cualquier momento, por lo cual explotamos de la nada y pueden ser provocadas por la sombra del otro. Nuestra negatividad hace eco. Hay un ejemplo irónico que escucho con frecuencia.

Una persona me dice que su pareja es muy negativa; se queja, todo el día, nada le parece. Yo le pregunto a esta persona: "¿Y qué haces frente él?" Ella responde: "¿Cómo? ¿Te estoy explicando lo que me molesta de él?" Y le pregunto: "¿Te estás quejando y te colocas en una postura negativa hacia tu relación?" La persona, al pensarlo, dice: "Sí, estoy haciendo justo lo que critico en él. Quejándome y siendo negativa".

Vemos y criticamos en otros nuestras sombras y ellos despiertan lo que nosotros llevamos dentro. A veces es muy evidente, pero nos cuesta trabajo verlo en nosotros mismos.

Es importante limpiar el cuerpo emocional para tener un decir en nuestras interacciones, y relacionarnos desde respuestas válidas emocionalmente.

Estar consciente es estar despierto, verdaderamente despierto, a todo lo que estamos experimentado. Puede ser que en ciertos momentos no sea la vida que queríamos o esperábamos, pero nuestra capacidad de estar en paz es en lo que siempre tenemos decisión.

La vida es sabia

¿Cómo reaccionas cuando tu pareja no es como tú quieres o esperas que sea? ¿La culpas? ¿Sientes que mereces algo mejor? ¿Qué es injusta contigo? Ver a la pareja como una guía nos permite atrevernos a confiar en ella. Dejamos atrás el sentimiento de que de alguna manera la pareja es una amenaza hacia nosotros; nos comprometemos a la armonía. Permitimos vivir cada experiencia genuinamente; somos espontáneos; vamos de un momento al siguiente en gozo; usamos energía para vivir que de otra manera estaría gastada en resistencia y reactividad.

A muchos de nosotros nos preocupa por qué pasan las cosas. Creemos que si supiéramos las razones, todo sería más fácil. El hecho es que las cosas pasan. La elección de cuestionarte es la salida para no caer en el papel de la víctima. Ella se queja, se pregunta: "¿Por qué me pasa esto a mí? ¿Por qué ocurrió esto? ¿Cuál es la razón?"

Debemos renunciar a la necesidad de saber el porqué. Existen preguntas más poderosas; por ejemplo:

- "¿Qué estoy resistiendo?"
- "¿Dónde necesito relajarme y reír?"
- "¿Cómo puedo usar esta situación para tener un mayor desenvolvimiento en mi alegría?"

Estas preguntas nos empoderan y ayudan a tener un estado emocional sólido y genuino. Puedes actuar de dos formas, creativamente o negativamente; es esto lo que define tu destino inmediato.

Cuando aprendemos a encontrar la lección espiritual en cada intercambio, vivimos con entusiasmo. Además, dejamos de vernos pequeños ante situaciones, y mantenemos un sentimiento de empoderamiento permanente.

Cada experiencia nos acerca a nosotros mismos. Al no tener miedo de sentarnos con nuestra soledad podemos elegir la vida que realmente deseamos y estar solteros se puede convertir en una gran opción.

"Soy una amante de lo que es, no porque sea una persona espiritual, sino porque cuando me peleo con la realidad me lastimo. Así lo piense miles de veces, no va a cambiar. Lo que es, es. Todo lo que necesito ya lo tengo. Todo lo que necesito el universo me lo da", dice Byron Katie

De esta manera, nos mostramos humildes ante todos, sabiendo que no somos ni más ni menos, y que cuando les damos a los demás, les brindamos nuestro ser interior. La mejor forma en la que podemos dar es permanecer con un corazón en paz. La manera más pura de la oración en la que podamos estar es la tranquilidad, pues es el tipo de bienestar que viene cuando nos rendimos totalmente a lo que es, como es. La paz es el poder más grande en la tierra. Cuando somos capaces de sentirla en nuestro interior, habremos conocido el amor, y nuestro mundo lo reflejará en todo su esplendor.

La naturaleza de las cosas

La gente que busca encontrar por qué las cosas no están bien, tiende a tener la razón. Encontrarán las evidencias para sostener su postura. Pero tener la razón no es la verdad, y normalmente viene con sentimientos pobres. Reconocer que las cosas pasan para mí, y no a mí, es un regalo; es un ejercicio para apreciar la naturaleza de la vida; una manera de regresar a la realidad, a la amabilidad de la naturaleza.

Tratar de entender y contar las razones maravillosas por las cuales pasan las cosas, acaba con el asombro y el misterio de la vida.

Observa: las cosas pasan contigo o sin ti. Lo cual es una muy buena noticia, porque te deja ser responsable de tu propia felicidad. Siempre hay perfección en la imperfección y debemos ser capaces de verla. Sin importar cómo suceda lo que suceda, al final, estará bien.

El alma es la parte de nosotros que es conciencia pura conectada con la conciencia universal y que forma todo lo que es.

En todas las situaciones existe un orden. Entre más cerca estemos de la situación es más difícil ver el aprendizaje. Sin embargo, no ver la enseñanza no quiere decir que no esté ahí.

Gratitud y salud

La gratitud sincera se muestra sin ningún esfuerzo. Los otros sienten la presencia que ésta genera. Se abren las puertas naturalmente. Las cosas se encauzan en armonía y el amor aparece. De la evolución espiritual nace una apreciación y un conocimiento de nuestro cuerpo físico. El paradigma médico que hemos tenido desde hace 300 años, guiado por la definición del filósofo francés René Descartes, implicó que nuestro cuerpo fuera concebido como una máquina. Esta concepción ha cambiado. El día de hoy lo vemos como algo holístico; tenemos un enfoque de mente-cuerpo-alma, por lo que todas las interacciones tienen un impacto directo en nuestra salud.

Antes pensábamos que estar sanos era no estar enfermos. Ahora, para tener buena salud, nuestra fuerza de vida *(prana, chi)* debe fluir libremente. No podemos estar sanos si nuestros cuerpos están coagulados con energía de resentimiento, enojo, tristeza, culpa y duelo, que recrea nuestro mundo interno y llevamos a las relaciones con las que interactuamos en este momento.

La salud y la gratitud son la base para surgir al amor y al bienestar propio y al de nuestro entorno.

Conclusiones

A partir de estas reflexiones comprendemos que somos seres que vivimos interconectados en las relaciones sociales. Cada persona con la que interactuamos deja en nosotros roces de amor, crecimiento, reto y apoyo a nuestro despertar.

Ahora sabemos que etiquetar a las personas (novios, matrimonios, amigos, amantes, familiares, etcétera) es un condicionamiento cultural que nos envuelve de expectativas y roles con los cuales acabamos relacionándonos, alejándonos del alma y de la riqueza de cada persona. Entendemos que lo ideal es interactuar con las personas que lleguen a nuestra vida por el tiempo que deban estar ahí, mientras haya crecimiento y evolución.

Estar solo o en pareja es un concepto. Si se abre la posibilidad de vivir con alguien en la intimidad que ofrece la pareja, tomémosla como una oportunidad para mirarnos de cerca y acelerar el autoconocimiento. Por lo tanto tú, la vida, los obstáculos, tus grandes amores y oponentes, serán tu pareja espiritual, maestros y acompañantes cercanos en esta travesía que llamamos vida.

Solos o acompañados seamos felices. Ese es el gran propósito del ser humano, pues una persona alegre no desea el mal a nadie.

El regalo más grande que nos da el tener un cuerpo humano es la capacidad de sentir amor por uno y por otros.

Todo mi amor para ustedes siempre.

ATRAVEZ DEL TIEMPO APRENDÍ

~~Alguna vez una persona me dijo,~~
que la mejor forma de tener lo que
necesites en este plano físico.
ERA ATRAVEZ DE EL. YA QUE EL MISMO
YA TE A ENTREGADO TODO.

AGRADECE, TODO EL TIEMPO, YA QUE
ATRAVEZ DE ELLO Y TU AGRADECIMIENTO
EL UNIVERSO SERA TODO.

Bibliografía

Orbinger Institute, *Leadership and Self-Deception: Getting out of the Box*, San Francisco, Berrett-Koehler Publishers, 2010.

Arbinger Institute, *The Anatomy of Peace: Resolving the Heart of Conflict*, San Francisco, Berrett-Koehler Publishers, 2008.

Byron, Katie y Stephen Mitchell, *Loving What Is: Four Questions That Can Change Your Life*, Nueva York, Three Rivers Press, 2003.

Chalmers Brothers, *Language and the Pursuit of Happiness*, Florida, New Possibilities Press, 2004.

Chopra, Deepak, *Sincrodestino: Descifra el significado oculto de las coincidencias en tu vida y crea los milagros que has soñado*, México, Alamah, 2003.

Doidge, Norman, *The Brain That Changes Itself: Stories of Personal Triumph from the Frontiers of Brain Science*, Nueva York, Penguin Books, 2007.

Fisher, Helen, *Why Him? Why Her?: How to Find and Keep Lasting Love*, Londres, Holt Paperbacks, 2010

Lefkoe, Morty, *Recreate Your Life*, Kansas, Decision Maker Institute Publishing Division, 2003.

LeMay, Eric, Jennifer A. Pitts y Paul Gordon, *Heidegger para principiantes*, Buenos Aires, Era Naciente, 2000.

Ruiz, Miguel, y Luz Hernández, *Los cuatro acuerdos: una guía práctica para la libertad personal*, México, Urano, 2007.

Sanchez, Nouk y Tomas Vieira, *Take Me To Truth: Undoing the Ego*, Pensylvania, John Hunt Publishing, 2007.

Schucman, Helen, *A Course in Miracles*, Brighton and Hove, White Crow Books, 2002.

Schulz, Kathlyn, *Being Wrong: Adventures in the Margin of Error*, Nueva York, Ecco, 2011.

Shimoff, Marci, *Happy for No Reason: 7 Steps to Being Happy from the Inside Out*, Nueva York, Simon & Schuster, 2007.

Tavis, Carol, y Elliot Aronson, *Mistakes Were Made (But not by Me)*, Nueva York, Mariner Books, 2008.

Tipping, Colin C., *El perdón radical*, Illinois, Quest, 2007.

Tolle, Eckhart, *El poder del ahora: un camino hacia la realización espiritual*, México, Grijalbo, 2012.

Tolle, Eckhart, *Una nueva tierra*, México, Grijalbo, 2013.

Tsabary, Shefali, *The Concsious Parent*, Columbia Británica, Namaste Publishing, 2010.

Vitale, Joe e Ihaleakala Hew Len, *Zero Limits: The Secret Hawaiian System for Wealth, Health, Peace & More*, Nueva York, Wiley, 2008.

Wheatley, Margaret, *El liderazgo y la nueva ciencia*, México, Ediciones Granica, 1997.

Williamson, Marianne, *A Return to Love: Reflections on the Principles of "A Course on Miracles"*, San Francisco, HarperOne, 1996.

En línea

<http://en.wikipedia.org/wiki/Bhagavad_Gita>

<http://sources.wikipedia.org/wiki/Letter_to_a_Hindu_-_Leo_>

<http://www.elitemedical.com.mx/bienestar/%C2%BFque-es-la-dopamina/>

Liani, Mario, "Las enseñanzas de Kryon", en <http://www.38uh.com>.

Que este libro también sea un camino de agradecimiento hacia las personas que apoyan mi trabajo.

A mis lectores, estudiantes y escuchas, gracias por confiar en mí y por hacer suyas mis búsquedas.

Gracias, Gena, por estar a mi lado durante tantos años y traer tanto amor profundo y tantos cuidados a mi vida. Me has enseñado a conocer lo que realmente significa amar.

A mis niños adorados Hana y Pat, a quienes les envío luz y amor profundo. Comprométanse con la grandeza que veo en su espíritu.

A mi madre amada, a mis hermanos Ceci y Fede, a mis sobrinos, a Marianita (gracias por tu apoyo en este libro) a Malu, Memo y Enrique.

A mis suegros: con el amor lo agradezco todo.

Gracias, Yoca y Payis por su apoyo y su amor. Les doy mi más profundo agradecimiento por su presencia en mi vida.

Te agradezco, tía Maga… Sabes que te quiero. Debía escribirlo en estas páginas.

A mi Vale linda, que siempre me ha ayudado con mis libros. Eres parte de ellos.

Mari preciosa, tu apoyo y tu amor son mis pilares.

Melanie, Kathy, Pepe, gracias, compañeros incondicionales.

A Jaime Bayly, por su generosidad al apoyar mi trabajo y por sus palabras en este libro, que son acompañadas por su generosidad y sabiduría.

Gracias a todo mi equipo de trabajo MMK Coaching.

Igualmente, gracias a todos mis adorados amigos. No los enlisto porque ustedes saben quiénes son. La complicidad y el amor que me dan son mi gran motor.

Penguin Random House, Cristóbal Pera y Fernanda Álvarez, gracias.

A ti Tata y a Papi que siempre me acompañan.

ALEJANDRA LLAMAS es una persona comprometida en generar experiencias de vida que transformen la manera en que las personas interpretan su mundo y a ellas mismas. Su trabajo tiene como objetivo ayudar a otros a encontrar la luz, la fuerza y la magia que emanan de lo profundo de nuestras almas.

Discípula de Tias Little, uno de los más reconocidos maestros de yoga, cuenta con el grado de Maestra en Yoga y Meditación, y la certificación como Coach Ontológico, respaldada por el International Coach Federation. Esta preparación la ha llevado a dictar seminarios en «Tecnología del pensamiento» y a convertirse en directora y CEO de Ontologik Group, Centro de Yoga, Arte y Coaching, con sede en Miami, Florida. Actualmente dirige e imparte, personalmente y en línea, la «Certificación MMK» de Coaching, a través del Instituto Manomayakosha de Coaching del Ser, también aprobada por la ICF.

Ha publicado los libros *Una vida sin límites* (Grijalbo, 2009), *El arte de conocerte* (Debolsillo, 2013), *Maestría de vida. Reflexiones para vivir en excelencia* (en coautoría con Gloria Calzada, Grijalbo, 2013) y *El arte de educar* (Grijalbo, 2014); los cuales se han convertido en éxitos editoriales. Asimismo, dicta conferencias por todo el mundo y recibe constantes invitaciones a programas de televisión y radio.

Conduce *Palabras al Aire Radio*
www.palabrasalaireradio.com

Instituto MMK de Coaching
www.mmkcoaching.com

www.alejandrallamas.com